COORDINADORAS

IRENE CHECA ESQUIVA

CRISTINA MONLEÓN GARCÍA

AUTORES

IRENE CHECA ESQUIVA
CRSTINA MONLEÓN GARCÍA
Mª DEL MAR ALAGARDA HERRERO
MARTA GARCÍA GARAY
EMMA MIÑANA ESPARZA
MIGUEL ÁNGEL PARRA GONZÁLEZ

BAILE DEPORTIVO

ENTRENAMIENTO MULTIDISCIPLINAR PARA EL ALTO RENDIMIENTO

©Copyright: Los Autores

©Copyright: De la presente Edición, Año 2018 WANCEULEN EDITORIAL

Título: BAILE DEPORTIVO. ENTRENAMIENTO MULTIDISCIPLINAR PARA EL ALTO RENDIMIENTO

Coordinadoras: IRENE CHECA ESQUIVA y CRISTINA MONLEÓN GARCÍA

Autores: IRENE CHECA ESQUIVA, CRISTINA MONLEÓN GARCÍA, Mª DEL MAR ALAGARDA HERRERO, MARTA GARCÍA GARAY, EMMA MIÑANA ESPARZA y MIGUEL ÁNGEL PARRA GONZÁLEZ

Ilustraciones Capítulo 5: JOSEP ANTONI GILABERT CARMONA
Ilustraciones Capítulo 7: MIGUEL ÁNGEL PARRA GONZÁLEZ

Editorial: WANCEULEN EDITORIAL
Sello Editorial: WANCEULEN EDITORIAL DEPORTIVA

ISBN (Papel): 978-84-9993-933-9
ISBN (Ebook): 978-84-9993-934-6

DEPÓSITO LEGAL: SE 1798-2018

Impreso en España. 2018

WANCEULEN S.L.
C/ Cristo del Desamparo y Abandono, 56 - 41006 Sevilla
Dirección web: www.wanceuleneditorial.com y www.wanceulen.com
Email: info@wanceuleneditorial.com

Reservados todos los derechos. Queda prohibido reproducir, almacenar en sistemas de recuperación de la información y transmitir parte alguna de esta publicación, cualquiera que sea el medio empleado (electrónico, mecánico, fotocopia, impresión, grabación, etc), sin el permiso de los titulares de los derechos de propiedad intelectual. Cualquier forma de reproducción, distribución, comunicación pública o transformación de esta obra solo puede ser realizada con la autorización de sus titulares, salvo excepción prevista por la ley. Diríjase a CEDRO (Centro Español de Derechos Reprográficos, www.cedro.org) si necesita fotocopiar o escanear algún fragmento de esta obra.

ÍNDICE

Prólogo ... 9

Introducción ... 13

Capítulo 1. Exigencias físicas y fisiológicas en el Baile Deportivo ... 17
    1.1. Perfil antropométrico ... 18
    1.2. Exigencias físicas y fisiológicas ... 18
    Referencias ... 22

Capítulo 2. Acondicionamiento físico específico en Baile Deportivo ... 25
    2.1. Calentamiento ... 26
        2.1.1. Calentamiento pre-entrenamiento físico ... 27
        2.1.2. Calentamiento pre-competición ... 31
    2.2. Fuerza y Potencia Muscular ... 33
    2.3. Resistencia Cardiorrespiratoria ... 35
    2.4. Flexibilidad y Rango de movimiento (ROM) ... 38
    2.5. Sobreentrenamiento ... 38
    Referencias ... 42

Capítulo 3. Exigencias psicológicas del Baile Deportivo ... 45
    3.1. El entrenamiento psicológico en el deporte de competición ... 45
    3.2. Demandas cognitivas y emocionales del Baile Deportivo ... 46
    3.3. Exigencias psicológicas de la carrera deportiva ... 49
        3.3.1. Inicio de la práctica de Baile Deportivo ... 50
        3.3.2. Ascenso ... 52
        3.3.3. Máximo nível ... 53
        3.3.4. Retirada ... 54
    3.4. Agentes Deportivos ... 56
        3.4.1. Entrenador/a ... 56
        3.4.2. Jueces ... 62

3.4.3 Padres 63
Referencias 66

Capítulo 4. Preparación psicológica en Baile Deportivo 69
  4.1. Pre-competición 69
    4.1.1. Establecimiento de objetivos 69
    4.1.2. Activación 73
    4.1.3. Control del pensamento 79
    4.1.4. Visualización 83
    4.1.5. Gestión de entrenamientos 88
  4.2. Competición 89
    4.2.1. Concentración 89
    4.2.2. Respiración diafragmática 94
    4.2.3. Rutina pre-competitiva 96
  4.3. Post-competición 98
    4.3.1. Atribuciones causales 98
    4.3.2. Reestructuración de objetivos 104
  Referencias 105

Capítulo 5. Baila sin lesiones: conoce tu cuerpo 107
  5.1. El Miembro Inferior 108
    5.1.1. El tobillo 108
    5.1.2. La rodilla 115
    5.1.3. La cadera 120
    5.1.4. La cintura pélvica 124
  5.2. La Columna vertebral 125
  5.3. El miembro superior 134
    5.3.1. La cintura escapular y el hombro 134
    5.3.2. El codo, la muñeca y la mano 139
  5.4. Conceptos y aclaraciones 142
  Referencias 145

Capítulo 6. Composición óptima de la dieta de un bailarín deportivo 147

    6.1. Tipos de nutrientes 148
        6.1.1. Macronutrientes 148
        6.1.2. Micronutrientes 156
    6.2. Energía 166
    6.3 Comidas óptimas antes de la competición 172
        a. Comidas óptimas durante la competición 173
        b. Comidas óptimas después de la competición 173
        c. Hidratación 174
    Referencias 177

Capítulo 7. El pie en el Baile Deportivo 179

    7.1. Recuerdo anatómico 180
    7.2. Biomecánica del pie y postura 187
    7.3. Lesiones más frecuentes 191
    7.4. Prevención y tratamiento 194
    7.5. Propiocepción 196
    7.6. Foot core 196
    7.7. Calzado 199
    Referencias 201

Prólogo

Todo empezó en una hora y media a la semana, en Manresa, mi ciudad.

Mi hermano, Jesús, quería aprender bailes de salón y no encontraba a nadie para hacerle de pareja. Finalmente, yo, con tan solo 15 años (11 menos que mi hermano), fui la única que pudo acompañar su ilusión, aprender a bailar bailes de salón.

A partir de ahí se convirtió en mi pasión.

Seguimos aprendiendo en Barcelona. Ya no era una hora y media a la semana, sino varios días que nos desplazábamos a la gran ciudad, y varias horas más de entrenamiento particular. De Barcelona seguimos aprendiendo en Reus, y recién cumplidos los 21 años, en diciembre del año 1995, se organizó el Primer Campeonato de España de Baile Deportivo, donde en la modalidad de latinos conseguimos proclamarnos Campeones de España.

Un par de veces a la semana conducíamos 300 km para poder aprender, y unas 3 veces más por semana entrenábamos para poder mejorar nuestro baile y, sobre todo, para poder mantener nuestro título de Campeones de España.

Fue entonces donde aplicamos una actividad más, la psicología. El ser hermanos, trabajar como maestros en la misma escuela de baile, mantener la presión de ser los campeones de tu país…. Necesitábamos una ayuda externa para mejorar nuestros problemas, miedos… Sin embargo, no fuimos con los profesionales para prevenir y extraer nuestro mejor rendimiento, sino que fuimos para "apagar fuego", es decir, cuando el problema ya fue grande y no tuvimos tiempo a resolverlo; fuimos demasiado tarde.

Volví a ser Campeona de España en la categoría absoluta en la modalidad de Latinos, en los años 1999 y 2000, con mi gran amigo Eduard Casasampere.

Mi gran cambio fue empezar a viajar al extranjero para recibir clases de baile y competir en competiciones internacionales. Una vez al mes íbamos a Bonn, Alemania, a aprender con nuestro entrenador, Ralph Lephene.

Entonces fue cuando empezamos a tener la necesidad de ampliar nuestro conocimiento y experimentar otras áreas que quizá podían ayudar a nuestro crecimiento físico, mental y emocional.

Pero fue en los años posteriores, bailando con mi inolvidable compañero Mauro Rossi, donde realmente tuve una gran influencia en todas las áreas indispensables para el alto rendimiento como pareja de élite en Baile Deportivo.

En primer lugar, quisiera agradecer a dos grandes médicos, Dr. Jordi Forés Colomer, del Centro de Medicina Integral, y la Dra. María Pérez Benítez, del Centro Estimulación Neurosensorial y Nutrición Energética, en Manresa. Ellos desde el primer día que me conocieron no dudaron en ayudarme. Confiaron ciegamente en mi talento y hasta el último día de mi carrera deportiva estuvieron ejerciendo como grandes profesionales en todo lo que yo podía necesitar. Me enseñaron la importancia del saber comer, de tener una buena alimentación para alcanzar el máximo rendimiento físico tanto para un buen entrenamiento, como para estar bien preparado en el día de la competición. Nos dieron una buena preparación vitamínica que mensualmente se encargaban de controlar y cambiar si era necesario. Mi energía, mi ligereza, mi fuerza… fue considerablemente aumentada y siempre me sentí perfecta para cualquier actuación.

Disponíamos también de un osteópata, Juan Carlos Mendoza, donde además de prevenir lesiones, casi semanalmente se encargaba de hacernos descubrir las grandes posibilidades que nuestro cuerpo nos ofrecía, casi sin límites.

Fue entonces donde en el centro descubrimos la Psicología aplicada a nuestro Deporte. La Dra. Asunción Mendoza, nos ayudó a descubrir la fuerza de la mente. La importancia de saber quién eres, qué quieres, superar tus límites, aprender a aprender…

En otro centro, el Instituto de Fisiología y Medicina del Arte (Terrassa), el traumatólogo Dr. Jaume Rosset i Llobet, junto con sus fisioterapeutas, consiguiéramos que estuviéramos siempre al 100% y si alguna vez teníamos alguna lesión sabía encontrar un sin fin de soluciones para poder competir óptimamente.

Por último, y no menos importante, agradecer a Daniel Rodríguez, nuestro preparador físico. Tres días a la semana nos ponía en forma y nos daba instrucciones para mejorar y corregir ejercicios y posiciones importantes para el deporte en general, crear más fuerza y potencia, cómo calentar para un entrenamiento o para una competición entre ronda y ronda.

En fin, todo unido: tener una gran fuerza de voluntad, dar tu vida por el deporte qué te apasiona, tener una buena pareja de baile, clases de técnica con buenos profesores, programación técnica con nuestro entrenador, nuestro programa de ejercicio físico y de prevenciones musculares, dieta óptima, vitaminas, psicología aplicada en el deporte, fisioterapeutas...

Todo eso nos llevó a ser campeones de España en 2001, 2002, 2003, 2004 y 2005, Top 10 del Ranking Mundial y de las mejores competiciones del mundo como *World and European Championship, British Open en Blackpool, UK Open, International Open, German Open, Grand Slam*...

Yo nunca he creído en la suerte, siempre he considerado que hay que aprovechar las oportunidades que te da la vida. No esperar a que te digan, enseñen o aporten, estar allí antes de que acontezca. Gracias a todos los profesionales que me ayudaron, aportaron y creyeron en mí. Sin vosotros no lo hubiera conseguido.

A los 15 años empecé mi primer paso de cha cha cha.

A los 19 años empecé Baile Deportivo.

A los 21 años gané mi Primer Campeonato de España.

A los 26 años fui una de las parejas semifinalistas en el Campeonato del Mundo.

A los 29 años fui una de las mejores bailarinas del mundo.

Sin ayuda profesional en todas las áreas mencionadas hubiera sido imposible.

Agradezco mucho la publicación de este libro. En él podréis encontrar una guía muy clara de todo lo que necesitáis para poder llegar a ser un deportista de alto rendimiento en el Baile Deportivo. Yo no tuve ningún libro que me pudiese explicar lo importante que es aprender de todas las áreas. Yo solo tuve la ambición y el instinto de buscar, hasta que tuve la oportunidad de conocer a unos magníficos profesionales que me enseñaron el camino.

Agradezco la oportunidad brindada por Cristina Monleón e Irene Checa para escribir el prólogo de este libro, es un gran honor. Agradezco que me deis la oportunidad de explicar las experiencias y el recorrido de mi carrera deportiva y artística.

Gracias a este libro conoceréis todos los secretos de un gran deportista, artista y bailarín. Claramente una guía para quien quiera llegar a su máximo rendimiento.

Karina Rubio
Directora y entrenadora del Club de Baile Deportivo Royal Dance
Profesora nacional e internacional
Juez internacional de la World Dancesport Federation WDSF
Representante de la WDSF Dancesport Acadademy
Miembro de la Junta Directiva de la Federación Española de Baile Deportivo FEBD
Entrenadora del equipo nacional de Rumanía desde 2008

Introducción

"El baile de salón no es una actividad aislada del mundo, sino algo vivo y sensible a los acontecimientos que ocurren a su alrededor. Un cambio en la moda, la guerra, un aumento del interés de un país extranjero, la música pop, el aumento de las posibilidades de viajar, los cambios sociales, la popularidad de la música a través del cine o televisión, todo esto ha tenido repercusiones en el mundo del baile"

Victor Silvester, bailarín inglés (1927)

El Baile Deportivo es una disciplina en cierta medida novedosa que combina deporte y arte. En los últimos años, gracias al desarrollo de las federaciones deportivas en diferentes países, incluido España, y al impacto de las nuevas tecnologías en la transmisión de noticias y contenido multimedia, el Baile Deportivo ha alcanzado gran notoriedad. Además, la emisión de diferentes programas y la retrasmisión de Campeonatos de España, ha conseguido que el gran público conozca las dos modalidades presentes en este deporte y se haga una idea de lo que significa esta disciplina.

El Baile Deportivo existe como tal desde la década de los 20 del siglo pasado, cuando el francés Camille de Rhynal añadió el componente deportivo al baile social. El primer Campeonato del Mundo se disputó en Alemania en 1936, donde participaron parejas de 15 países y tres continentes. El 4 de septiembre de 1997 el Baile Deportivo y la Federación Internacional de Baile Deportivo (IDSF) fueron reconocidos por el Comité Olímpico Internacional (COI). En los últimos años se está trabajando para que no sólo sea un deporte olímpico, sino para que sea también incluido en el programa olímpico.

El Baile Deportivo es una disciplina formada por dos modalidades: Standard y Latino. En cada modalidad se ejecutan 5 bailes, en Standard: Vals Inglés, Tango Europeo, Vals Vienés, Foxtrot y Quickstep; y en Latino: Samba, Cha-cha-cha, Rumba, Pasodoble y Jive. Existen parejas que compiten en una única modalidad, mientras que otras lo hacen en 10 bailes, siendo esta modalidad la más completa, asemejándose al decathlon en el atletismo. Este deporte es juzgado por jueces, con licencia nacional e internacional, que basan su decisión en diferentes aspectos como:

- Cualidades Técnicas (relacionadas con la postura, el equilibrio, trabajo de pies, la acción para el movimiento, la dinámica...)
- Movimiento en música (timing, ritmo, rítmica, estructura musical...)
- Asociaciones en pareja o relación con la pareja (Conducción, seguir, acompañar, sincronizar...)
- Coreografía y presentación (saber actuar, caracterizar, interpretar...)

En nuestro país, los bailarines pueden competir en diferentes categorías y grupos de edad. Las categorías se distribuyen desde F (la categoría de iniciación), Primera Territorial, Segunda Territorial, C, B, A Nacional y A Internacional, la máxima categoría. Todas estas categorías corresponden a la División Amateur, ya que cuando ya se han superado todas ellas, la pareja puede decidir competir en la División Profesional, donde el componente técnico cobra todavía más importancia. En cuanto a las categorías de edad, existen: Juvenil (11 años o menos), Junior I (12-13), Junior II (14-15), Youth (16-18), Adulto I (19 años o más), Adulto II (25-35), Senior I (el de menos edad cumple 35 años o más durante el año en curso), Senior II (45 años o más), Senior III (45 año o más, siendo el mayor 55 años) y Top Senior (el de menos edad cumple 52 años o más y el de más edad 62 años durante el año en curso). A partir de la categoría adulto es posible competir superando la edad, pero no al contrario. Cada una de las categorías y grupos de edad tiene diferentes especificaciones de pasos, vestuario y número de bailes.

Cuando una pareja de baile ha superado todas esas categorías y ha ascendido gracias a sus resultados en las diferentes competiciones, empieza a ser consciente que el Baile Deportivo tiene diferentes variables asociadas que predicen el éxito: el componente innato del talento, el esfuerzo, la capacidad económica, la preparación mental para la competición, la condición y preparación física, el cuidado de músculos y articulaciones y el control nutricional. En conjunto, todos los requerimientos que un deporte de alto nivel conlleva, ya que, tal y como destaca Jill McNitt-Gray "los bailarines son de los atletas más exigentes del mundo" (WDSF, 2016).

Así pues, es de trascendente importancia que todos los estamentos y miembros vinculados al Baile Deportivo (entrenadores, psicólogos, nutricionistas, preparadores físicos, jueces,...) sean, no sólo conocedores de las necesidades y exigencias de los deportistas practicantes de Baile Deportivo, sino también se despierte la preocupación y por tanto la necesidad del trabajo multidisciplinar con personal cualificado para asegurar no solo el rendimiento deportivo, sino también la calidad de vida personal y profesional de los bailarines, buscando el máximo rendimiento a corto, medio y largo plazo, proyectando de esta manera el camino para la consecución del éxito.

En este libro se pretende hacer un recorrido sobre la preparación integral que un deportista de baile necesita, además de la técnica: preparación física, psicológica, nutricional y fisioterapéutica. Esta aportación pone en valor la experiencia acumulada por los profesionales especializados en Baile Deportivo durante años y se reúne para ofrecer un enfoque multidisciplinar.

El primer capítulo ofrece una visión de las exigencias físicas y fisiológicas requeridas en la práctica del Baile Deportivo basado en la literatura científica, para posteriormente en el capítulo 2 centrarnos en cómo poder llevar a la práctica la información del primer capítulo, ofreciendo así un manual de acondicionamiento físico general de este deporte.

Los capítulos 3 y 4 son un acercamiento al entrenamiento psicológico en Baile Deportivo. En ellos se describe, por una parte, las capacidades cognitivas y emocionales que son necesarias para el éxito en Baile Deportivo, y por otra, las características especiales que un deporte de dúo mixto presenta. La experiencia acumulada y una exhaustiva revisión teórica permiten ofrecer una visión amplia sobre cómo la mente tiene una gran influencia en toda la carrera de un bailarín/a.

En el quinto capítulo queremos que el bailarín conozca su herramienta de trabajo, su cuerpo. Analizaremos el Baile Deportivo desde un punto de vista anatómico y biomecánico. Identificamos las lesiones y sus factores de riesgo, así como las medidas preventivas que todo bailarín debe conocer.

En el sexto capítulo se trata de acercar al bailarín el concepto de los aportes de macronutrientes y micronutrientes necesarios para cubrir las necesidades diarias según su entrenamiento. La ingesta de comida según la etapa que se encuentre de la competición: precompetición, competición y postcompetición. La importancia de la hidratación, sobre todo en las competiciones, según las rondas que tengan que bailar y el lugar de la competición, así como el aporte en algún momento de las tres etapas de un suplemento para una mejora del rendimiento, diferenciando entre hombres y mujeres. Finalmente, se da importancia a que el bailarín debe emprender el proceso de una buena nutrición en las primeras etapas del entrenamiento, no solo debe comer bien unos días antes de la competición, sino que al igual que la preparación física y psicológica, una buena alimentación es un pilar fundamental del rendimiento diario del bailarín.

En el séptimo capítulo hablaremos de la importancia del pie en el Baile Deportivo. Abordamos temas como la anatomía del pie, tanto a nivel óseo y muscular como articular y vemos cómo se comporta biomecánicamente esta estructura anatómica durante el gesto dancístico. Continuamos con un repaso de las lesiones más frecuentes dentro de esta modalidad de baile y exponemos los posibles tratamientos de manera general. Para concluir, se facilitan algunas herramientas para la prevención de las patologías del pie y finalizamos con información relevante acerca del calzado propio del Baile Deportivo.

Además de buscar la excelencia deportiva, este trabajo pretende resaltar la importancia del disfrute y la experiencia de vida que este deporte supone para cualquiera que lo practique, de forma que, cuantos más medios aporte a su rendimiento, más probabilidades de vivir una experiencia de aprendizaje vital. Los profesionales que trabajan en baile no deben olvidar que lo más importante es ser un modelo de vida sana y de comportamiento, ya que sus deportistas los perciben como guías y siguen sus indicaciones al pie de la letra. Esta propuesta, desde un enfoque multidisciplinar, pretende facilitar a todos los integrantes del Baile Deportivo conocimientos académicos, científicos y prácticos para su consideración en el día a día de los deportistas, velando por su salud y seguridad. Tenemos, por tanto, una gran oportunidad de formar a personas dentro de un mundo apasionante, ¡aprovechémoslo!

Capítulo 1
Exigencias físicas y fisiológicas en el Baile Deportivo

El Baile Deportivo es considerado la combinación entre deporte y danza en el que el equipo, formado por la mujer y el hombre, colaboran y cooperan para obtener la mejor performance (Uzunović & Kostić, 2005; Uzunović, Kostić, y Miletić, 2009).

Tal y como indican Bria et al. (2011), en una competición tipo, los bailarines para llegar a una final deben ir superando diferentes rondas, lo que repercute en la cantidad de horas que deben estar presentes en el recinto deportivo. Una ronda, a su vez, consiste en la ejecución de 5 bailes de la modalidad en la que se esté compitiendo. Cada baile tiene una duración aproximada de unos 120 segundos con una pausa de 15 a 20 segundos entre bailes consecutivos. Por todo ello, y siguiendo a estos mismos autores, es importante determinar cuáles son las exigencias físicas del Baile Deportivo con el fin de minimizar y evitar los efectos negativos de la fatiga.

En esta misma línea, es necesario conocer los aspectos físicos y fisiológicos que van a intervenir en este deporte para aportar a los deportistas recomendaciones y pautas que les ayuden en su preparación y acondicionamiento físico general, así como conocimientos del deporte que practican de una manera profunda y factible. Todo ello contribuirá, no sólo a mejorar su condición física general, sino también a optimizar el esfuerzo generado durante el baile y, por extensión, su propio baile en sí.

Hay aspectos significativos que deben tenerse en cuenta a la hora de realizar el acondicionamiento o preparación física, entre ellos que éste es un deporte practicado por deportistas en diferentes etapas madurativas y que los requerimientos físicos y fisiológicos son diferentes en función de la modalidad que éstos practiquen.

A continuación, se detallan los aspectos más relevantes de esta disciplina deportiva, para posteriormente, en el capítulo 2, orientar en la preparación física específica y especializada en Baile Deportivo.

1.1. PERFIL ANTROPOMÉTRICO

El perfil antropométrico posee mucha importancia en deportes que tienen un componente estético importante como es el caso del Ballet, el Contemporáneo, y también del Baile Deportivo, entre otros. Por ello, es importante considerar la forma del cuerpo y la composición del mismo, conocido técnicamente como Somatotipo, ya que ha sido empleado en diferentes deportes para la identificación del talento (Liiv et al., 2013).

Tal y como destacan Liiv et al. (2013), de la modalidad de Estándar se espera que la estatura sea alta además de similar entre la pareja, ya que la posición que mantienen es estrecha y los movimientos son extensos con formas amplias en la parte superior del cuerpo, por lo que, miembros superiores largos pueden contribuir a alcanzar esta posición. En cuanto a la modalidad de Latinos se caracteriza por ser más energética y con giros más rápidos respecto al Estándar, y los bailarines que se dedican a esta disciplina se caracterizan por una menor estatura y una musculatura asociada a la tipología de estos estilos de baile.

Sin embargo, según estos autores, hay escasa bibliografía con este tipo de deportistas para determinar si estas características son generalizables y probadas científicamente y no sólo unas meras suposiciones.

1.2. EXIGENCIAS FÍSICAS Y FISIOLÓGICAS

Pese a la falsa creencia que el baile en general es una actividad con unos requerimientos físicos bajos, se ha demostrado que el Baile Deportivo es una actividad con un requerimiento cardiovascular vigoroso, que precisa de un elevado coste energético (Blanksby y Reidy, 1988; Bria et al., 2011; Liiv et al., 2014), tanto en la modalidad de Estándar como en Latinos, aunque, como veremos a continuación, existen algunas diferencias entre ambas modalidades. Klonova, Klonovs, Giovanardi y Cicchella (2011) han destacado elevados valores de lactato en sangre tanto en hombres como en mujeres después de una competición de Baile Deportivo. En este sentido, se puede remarcar la predominancia aeróbica-anaeróbica de este deporte (Chren, Spanik, y Kyselovicová, 2010). Además, destacan una frecuencia cardíaca (FC) media en hombres de 175.2 ± 10.7 y en mujeres de 178.6 ± 8.6, superando las 180 pulsaciones/minuto.

En cuanto al gasto energético, según Åstrand, Rodahl, Dahl y Strømme (2003, citado en Riding, Hopkins, Vehrs, y Draper, 2013; Riding, Wyon, Ambegaonkar, y Redding, 2013) el Baile Deportivo podría estar clasificado en una categoría que estaría entre muy exigente (1.5 a 2.0 L/min o 130 a 150 ppm) y extremadamente exigente (> 2.0 L/min o 150 a 170 ppm). Uzunović y Kostić (2005) manifiestan la necesidad de disponer de resistencia aeróbica y específica, así como velocidad específica, tal y como son característicos en Samba, Vals Vienés y Jive por ejemplo, además de considerar las aceleraciones específicas (Chren et al., 2010) de éstos y otros bailes.

Diferentes investigadores han tratado de analizar cuál es el consumo máximo de oxígeno (VO_{2max}) en diferentes bailes (Bria et al., 2011; Klonova et al., 2011; Liiv et al., 2014). En este sentido, se ha destacado el VO_{2max} para bailarines con una media de 59.2-60.9 $ml·min^{-1}·kg^{-1}$ y 9.6 $m·mol·l^{-1}$ de concentración de lactato tras competición; en bailarinas se ha destacado valores por debajo al de hombres, obteniendo de VO_{2max} una media de 46.3-53.7 $ml·min^{-1}·kg^{-1}$, encontrándose unas concentraciones de lactato tras competición de 8.9 $m·mol·l^{-1}$ (Klonova et al., 2011).

Además de estos valores, se ha encontrado que la modalidad de Latino tiene una mayor intensidad, fisiológicamente hablando, respecto al Estándar o a los 10 bailes, medido mediante la FC a lo largo de varias rondas. En este sentido, también se ha hallado que el ritmo cardíaco era más alto en bailarinas de latinos (106.7 ± 5.9%) respecto a las bailarinas de Estándar (97.9 ± 3.6%) y respecto a las de 10 bailes (99.2 ± 5.6%) (Liiv et al., 2014).

Cuando nos centramos en la modalidad de Estándar, se ha destacado el Quickstep como el baile con mayor exigencia en intensidad (VO_{2max} 43.0 ± 8.0 $ml·min^{-1}·kg^{-1}$) en mujeres, y el Vals Vienés para hombres (VO_{2max} 49.3 ± 5.2 $ml·min^{-1}·kg^{-1}$) (Bria et al., 2011), al ser el quinto y tercer baile de la ronda respectivamente, las vías anaeróbicas podrían estar desafiadas. En la modalidad de Latinos, el baile más exigente para las mujeres fue el Paso Doble (VO_{2max} 43.4 ± 7.1 $ml·min^{-1}·kg^{-1}$) mientras que para hombre fue el Cha-Cha-Cha (VO_{2max} 50.7 ± 6.6 $ml·min^{-1}·kg^{-1}$). En esta misma línea fueron los resultados hallados por Liiv et al. (2014); sin embargo, no hallaron diferencias en las medias de FC entre hombres y mujeres en ningún baile, ni tampoco entre las tres modalidades, lo que nos estaría indicando la importancia del trabajo en equipo que realizan durante la competición, y el valor de la capacidad aeróbica en las tres modalidades son bastante similares.

Todos estos datos indican el elevado valor tanto de la capacidad aeróbica como anaeróbica que requieren los bailarines de este deporte, habiendo a su vez diferencias entre hombres y mujeres, y que, por tanto, estas diferencias deben tenerse presentes a la hora de realizar las preparaciones físicas de la pareja. También se destaca la diferencia en cuanto a la intensidad entre las 3 modalidades diferentes, siendo más elevada en Latinos, fundamentalmente para mujeres. Además, pese a la importancia de estos valores, y por tanto de una buena capacidad aeróbica, los resultados obtenidos en competición no pueden ser relacionados directamente con la preparación física de los bailarines, sino que debe tenerse en cuenta junto a otros aspectos como la experiencia en el propio deporte (Liiv et al., 2014). De este modo, Guidetti, Gallotta, Emerenziani y Baldari (2007) destacan la fuerte relación existente entre la habilidad técnica y el umbral anaeróbico, más que con el VO_{2max} (citado en Rodrigues-Krause, Krause, y Reischak-Oliveira, 2015). En este sentido, Rodrigues-Krause et al. (2015) destacan que el umbral anaeróbico en bailarines es importante ya que la performance de éstos va a depender, entre otros factores del ritmo, equilibrio, coordinación, y pueden verse afectados por la fatiga muscular. Es más, Tremayne y Ballinger (2008) indican que esa fatiga va a ser determinante en la promoción de las rondas sucesivas en una competición.

A todo esto, se debería añadir la consideración de la composición corporal para tener una mejor contextualización de los deportistas. Asimismo, hay que considerar la diversidad de competiciones existentes tanto a nivel nacional como internacional, en el que varía la duración de la misma, tanto en nº de rondas, días como en duración de cada una de las rondas. Todo ello hace que haya una elevada exigencia física que los deportistas deben minimizar para que su ejecución parezca fácil y fluida (Bria et al., 2011). En este sentido, los resultados obtenidos por Liiv et al. (2014) demuestran que los bailarines distribuyen sus recursos, hablando en términos de esfuerzo y energía, para llegar al final de las rondas al máximo. Sin embargo, los datos de Bria et al. (2011) indican que, en bailes Estándar, el tercer baile podría actuar como una "fase de recuperación" para el rendimiento del baile posterior de exigencia o rendimiento mayor. Sin embargo, en bailes Latinos no parece existir esta "fase", sino que requieren en general de una mayor producción de energía, tanto de la vía aeróbica como anaeróbica.

Bria et al. (2011) destacaron que, tras los datos obtenidos a partir de las pruebas de potencia muscular de miembros inferiores, los deportistas de Baile Deportivo tienen una menor potencia respecto a otras disciplinas deportivas, seguramente por no incluir entrenamiento de fuerza específico en extremidades inferiores en sus programas de entrenamiento. Pese a ello, los bailarines muestran una tonificación muscular propia de las exigencias de este deporte (World Dance Sport Federation –WDSF-, 2012).

En la línea de lo indicado por la WDSF, la tonificación y fuerza muscular tienen gran relevancia en Baile Deportivo, ya que, tal y como sugieren, la tonificación de miembros inferiores y de la parte abdominal, serían las principales responsables de la ejecución óptima de la técnica. No obstante, el trabajo muscular de miembros superiores también es importante, para realizar movimiento rápidos y explosivos en bailes Latinos, o para el mantenimiento de la postura corporal en Estándar, por ejemplo. Pese a esto, cabe hacer una diferenciación entre las dos modalidades, ya que se ha encontrado una mayor explosividad a nivel muscular en Latinos (Lukić, Bijelić, Zagorc, y Zuhrić-Sebić, 2011; Lukić, Gerdijan, Bijelić, Zagorc, y Radisavljevic, 2012).

Así pues, antes de establecer las recomendaciones del trabajo de acondicionamiento físico específico del Baile Deportivo, es importante destacar los requerimientos de coordinación, fuerza, flexibilidad, velocidad, equilibrio, agilidad y resistencia que permitirá la mejora del rendimiento técnico y coreográfico.

REFERENCIAS

Blanksby, B. A., & Reidy, P. W. (1988). Heart rate and estimated energy expenditure during ballroom dancing. *British Journal of Sports Medicine*, *22*(2), 57–60.

Bria, S., Bianco, M., Galvani, C., Palmieri, V., Zeppilli, P., & Faina, M. (2011). Physiological characteristics of elite sport-dancers. *The Journal of Sports Medicine and Physical Fitness*, *51*(2), 194–203.

Chren, M., Španik, M., & Kyselovičova, O. (2010). Blood lactate concentration of ballroom dancers according to the length of their routines. *Acta Facultatis Educationis Phsicae Universitatis Comenianae*, *50*(2), 43–50.

Klonova, A., Klonovs, J., Giovanardi, A., & Cicchella, A. (2011). The sport dance athlete: Aerobic-Anaerobic capacities and kinematics to improve the performance. *Antropomotoryka* *1*(21), 31–37.

Liiv, H., Jürimäe, T., Mäestu, J., Purge, P., Hannus, A., & Jürimäe, J. (2014). Physiological characteristics of elite dancers of different dance styles. *European Journal of Sport Science*, *14*(s1), S429–S436. https://doi.org/10.1080/17461391.2012.711861

Liiv, H., Wyon, M., Jürimäe, T., Purge, P., Saar, M., Mäestu, J., & Jürimäe, J. (2013). Anthropometry and somatotypes of competitive DanceSport participants: A comparison of three different styles. *HOMO - Journal of Comparative Human Biology*, *65*(2), 155–160. https://doi.org/10.1016/j.jchb.2013.09.003

Lukić, A., Bijelić, S., Zagorc, M., & Zuhrić-Sebić, L. (2011). The importance of strength in sport dance performance technique. *Sportlogia*, *7*(1), 61–67. https://doi.org/10.5550/sgia.110701.en.061L

Lukić, A., Gerdijan, N., Bijelić, S., Zagorc, M., & Radisavljevic, L. (2012). Motor skill efficiency as a quality predictor of technical performance in dance sport. *Serbian Journal of Sports Sciences*, *6*(2), 77–82.

Riding, T., Hopkins, T., Vehrs, P., & Draper, D. O. (2013). Contributions of muscle fatigue to a neuromuscular neck injury in female ballroom dancers. *Medical Problems of Performing Artists*, *28*(2), 84–90.

Riding, T., Wyon, M., Ambegaonkar, J., & Redding, E. (2013). A Bibliographic Review of Medicine and Science Research in DanceSport. *Medical Problems of Performing Artists*, *28*(2), 70–79.

Rodrigues-Krause, J., Krause, M., & Reischak-Oliveira, Á. (2015). Cardiorespiratory Considerations in Dance: From Classes to Performances. *Journal of Dance Medicine & Science*, *19*(3), 91–

102. https://doi.org/10.12678/1089-313X.19.3.91

Tremayne, P., & Ballinger, D. A. (2008). Performance enhancement for ballroom dancers: psychological perspectives. *The Sport Psychologist*, *22*, 90–108.

Uzunović, S., & Kostić, R. (2005). A study of success in latin american sport dancing. *Facta Universitatis*, *3*(1), 23–35.

Uzunović, S., Kostić, R., & Miletić, Đ. (2009). Motor status of competitive young sport dancers-gender differences. *Acta Kinesiologica*, *3*(1), 83–88.

WDSF. (2012). World Dance Sport Federation. Retrieved from http://www.worlddancesport.org/About/All/Fit_Through_Dance

Capítulo 2
Acondicionamiento físico específico en Baile Deportivo

Con la nueva forma de entender el Baile Deportivo y por tanto, de entender la creación de coreografías cada vez más físicas y basadas en la biomecánica del movimiento, hace que cobre importancia la preparación física específica y especializada para practicar este deporte. En este sentido, se ha destacado la necesidad de un entrenamiento físico complementario al específico del baile para optimizar tanto la técnica como la performance artística, al mismo tiempo que se reduce el riesgo o susceptibilidad de lesión (Rodrigues-Krause, Krause, y Reischak-Oliveira, 2015), trabajando sistemas como el cardiorrespiratorio y neuromuscular, favoreciendo la eficiencia del movimiento y retardando la aparición de fatiga. Los programas de acondicionamiento físico complementario para bailarines deben respetar los principios de entrenamiento, entre los que podemos destacar el principio de individualización, progresión, continuidad, sobrecarga, intensidad, especificidad y transferencia (entre otros); buscando que no interfieran en el trabajo técnico para lograr la optimización del entrenamiento.

Tal y como destacan Koutedakis y Jamurtas (2004), hay una visión infundada acerca de que el entrenamiento físico no relacionado directamente con la práctica del baile disminuye o afecta al aspecto estético de los bailarines. Además, existe el estereotipo y la falsa creencia de que los bailarines no son deportistas, sino artistas (Malkogeorgos, Zaggelidou, Zaggelidis, y Christos, 2013), lo que ha hecho durante mucho tiempo obviar una parte muy importante como es la preparación física, puesto que, para un buen rendimiento en Baile Deportivo se requiere de mejoras en la aptitud cardiovascular, flexibilidad, fuerza muscular y potencia entre otras, tal y como se ha comentado en el capítulo anterior. Así pues, Mistiaen et al. (2012) han indicado que son necesarios programas de ejercicio en los que se realice entrenamiento de resistencia, de fuerza y ejercicios de control motor, ya que no se obtienen influencias negativas sobre la apariencia física y además mejoran la condición física.

Autores como Rodrigues-Krause et al. (2015) han destacado que la condición física de los bailarines requiere de:

- Reserva de potencia muscular, para la realización de saltos explosivos en los que se requiere de energía del sistema anaeróbico-aláctico.
- Resistencia muscular, para el mantenimiento de niveles de potencia que deben mantenerse de 30 a 60 segundos requiriendo energía del sistema anaeróbico-láctico
- Resistencia cardiorrespiratoria, para la ejecución de ejercicios de baja intensidad y con amplitud de movimiento.

Gracias a la literatura científica, podemos definir al Baile Deportivo como una actividad física con fases activas (ejercicio intermitente) con una duración media y periodos de recuperación cortos, en los que el sistema oxidativo, glucolítico y fosfatos de alta energía (ATP y PCr) están constantemente desafiados, siendo estas demandas energéticas más altas en la modalidad de Latinos (Bria et al., 2011; Wyon, 2005). Además, momentos de explosividad son combinados con momentos en los que se requiere de precisión y habilidad técnica. Todo ello nos lleva a que una buena base aeróbica contribuirá a que los deportistas sean más eficientes y puedan exhibir su habilidad técnica, equilibrio, coordinación y estética durante un tiempo más prolongado. Así pues, a la hora de programar y planificar entrenamientos debemos tener presentes estos requerimientos para ajustar los entrenamientos físicos específicos tanto de la modalidad en particular, como del deporte en general (Liébana, Blasco, Monleón, Pablos, & Moratal). Además, se ha indicado una frecuencia de 3 días/semana de trabajo complementario para que se induzca a adaptaciones cardiovasculares o neuromusculares, seguido por 1 o 2 sesiones/semanales para el mantenimiento de esas ganancias (Rodrigues-Krause et al., 2015).

2.1. CALENTAMIENTO

A nivel general, autores como Bria et al. (2011) han indicado que una fase de calentamiento podría ayudar a reducir la contribución del lactato en sangre ya en el primer baile y esto repercutiría en los bailes restantes. En este sentido, es conocida la importancia de un buen calentamiento para el rendimiento físico posterior (bien sea para un entrenamiento físico y/o técnico para la competición), ya que repercute en un aumento de la temperatura corporal y sus propiedades viscoelásticas, prepara psicológicamente para un esfuerzo superior y prepara el sistema perceptivo y propioceptivo, actuando a su vez como un mecanismo de prevención de lesiones, ayudando a focalizar mentalmente el entrenamiento. Sin embargo, muchos deportistas de Baile Deportivo, tal y como destacan Bria et al. (2011), hacen un breve calentamiento basado en el "contacto y sentimiento/sensación con la pista", pudiendo ser observado este método por nosotros mismos en cada competición que se realiza.

En esta línea, es importante una buena estructuración del calentamiento ya que, en competiciones dónde tan sólo hay una ronda, los deportistas deben rendir desde el primer baile al máximo. Dicho de otro modo, un calentamiento adecuado optimizaría las vías aeróbicas y, posiblemente retrasaría la aparición de fatiga muscular en bailarines (Rodrigues-Krause et al., 2015), pudiendo desarrollar su performance con una mayor calidad en su movimiento, debido a ese retraso de fatiga.

2.1.1. Calentamiento pre-entrenamiento físico

A continuación, se propone una estructuración mínima que debe presentar el calentamiento con unas características similares a las siguientes:

- **Ejercicios articulares globales (activación)**: en esta fase preparamos al organismo para el ejercicio físico con una progresión ascendente en intensidad, entre el 40-60% VO_{2max} (intensidad moderada) (Bishop, 2003), considerando siempre la forma física de los deportistas y la edad. Se empezará con movilidad dinámica y a continuación se realizarán ejercicios en los que se involucren grandes grupos musculares como son la carrera o trote suave, desplazamientos y movimientos en diferentes direcciones. Estos mismos ejercicios que se proponen, pueden realizarse con música, favoreciendo la motivación e incluso creando pequeñas coreografías que nos permitan la preparación del organismo hacia la parte principal.
- **Estiramientos**: si bien es cierto que existe controversia acerca de la realización de estiramientos en el calentamiento (Ayala, de Baranda, y Croix, 2016) y más concretamente en el tipo de estiramiento que se realiza, consideramos tal y como indican Ayala

et al. (2016), que todos los calentamientos deben incluir rutinas de estiramiento. No obstante, se evitará hacer estiramientos estáticos debido a la poca evidencia científica de su aportación positiva al rendimiento. Igualmente, evitaremos los estiramientos balísticos ya que conlleva la realización de pequeños rebotes una vez finalizado la amplitud de movimiento, pudiendo ocasionar pequeños microtraumatismos a la vez que repercute en la contracción de la musculatura y por tanto, en su rigidez (Norris, 2004). Así pues, nosotros abogamos por el estiramiento dinámico o activo, ya que como indica Norris (2004), es el que más se asemeja a los deportes en los que la fuerza y flexibilidad se desarrollan al mismo tiempo, como es el caso del Baile Deportivo, y que además se requiere de un buen control motor y habilidad. No obstante, hay que destacar que estamos hablando de un calentamiento previo a un entrenamiento y/o competición y que, si quisiéramos en un día alterno hacer una sesión compensatoria, sí que podríamos trabajar otros tipos de estiramientos como podrían ser los estáticos y por tanto, también los estiramientos de cadenas musculares.

- **Entrenamiento neuromotor o neuromuscular**: La ACSM (2009) destaca que estos tipos de ejercicios deben incluir las habilidades motrices como equilibrio, agilidad, coordinación, así como entrenamiento propioceptivo y actividades multifacéticas. Todo esto lo propone como actividades generales, y no sólo como parte del calentamiento, destacando que habría que trabajarlo entre 20-30 minutos diarios. Sin embargo, este tipo de trabajo lo proponemos como una parte del calentamiento, trabajando la propiocepción (que variará en función del tipo de entrenamiento posterior que se vaya a realizar: entrenamiento con objetivo técnico o entrenamiento con objetivo de performance) y que es definida como el "tipo de sensibilidad del sistema somatosensorial que participa en mantener la estabilidad dinámica de la articulación, lo que se consigue mediante la detección de las variaciones de presión, tensión y longitud de los diferentes tejidos articulares y musculares" (Fort y Romero, 2013). Así pues, siguiendo a Riemann y Lephart (2002), la respuesta está relacionada con el control neuromuscular, también citado como control motor, y que hace referencia a aspectos relativos al control del sistema nervioso, activación muscular y factores que favorecen al rendimiento de tareas motrices (citado en Fort y Romero, 2013). Como preparador físico, se debe ser consciente del complejo sistema del que estamos hablando para poder utilizar dicha información para el calentamiento (tanto de la preparación física general, como el entrenamiento de baile de la propia disciplina en particular) sabiendo analizar y diseñar ejercicios en los que el trabajo muscular sea análogo para propiciar la activación no sólo muscular sino del sistema nervioso. Para diseñar ejercicios con objetivo propioceptivo, tendremos en cuenta diferentes parámetros como los expuestos en la tabla 1, en los que, en función del objetivo posterior de entrenamiento, el nivel de los deportistas, edad, etc., se podrán combinar para hacer tareas de mayor complejidad. Cabe destacar que el principio de progresión debe estar patente, diseñando ejercicios de menor a mayor complejidad para un buen control y patrón motor, y para favorecer una mayor activación muscular progresiva (Borreani et al., 2013).

Tabla 1. Parámetros para diseñar ejercicios para el entrenamiento propioceptivo

MOVIMIENTO	APOYO	SUPERFICIE	CARGA	VISIÓN	SALTO
Estático	Unipodal	Estable	Con carga	Con visión	Con salto/s
Dinámico	Bipodal	Inestable	Sin carga	Sin visión	Sin salto/s

Un ejemplo sería iniciar con movimientos estáticos en bipodal, con superficie estable, sin carga, con visión y sin salto; en una segunda fase, podríamos realizar lo mismo, pero sin visión; en la tercera fase con carga; y así sucesivamente hasta el nivel más complejo que podría ser un movimiento dinámico en unipodal con alguna fase en superficie inestable y con salto. No es necesario combinar todos los parámetros para diseñar ejercicios óptimos para los deportistas y su disciplina deportiva.

Una vez trabajado a nivel propioceptivo, se realizaría un trabajo activo coordinativo, bien con el uso de una escalera de coordinación con la que podemos realizar trabajo individual como en pareja, o bien sin material, trabajando, además, una parte de movilidad. Otro tipo de ejercicios que estarían en este punto sería trabajo en remo, comba,...

En este deporte, es importante hacer no sólo un calentamiento individual, sino también en pareja (en equipo) para incrementar la cohesión, por lo que siempre se introducirán ejercicios para trabajar tanto individual como en pareja.

- **Activación CORE:** como comentábamos anteriormente, la zona central o Core es fundamental en el deporte en general, y en el Baile Deportivo en particular, por lo que, en nuestro calentamiento tiene que estar patente, trabajándose disociaciones y concienciación; ejemplos: planchas (con variaciones en función del objetivo), cat-camel, puente posterior, ...

- **Ejercicios específicos**: estos últimos ejercicios estarán acorde al entrenamiento posterior y deberán estar dirigidos a la transferencia directa al Baile Deportivo. De este modo, se tendrá en cuenta si el entrenamiento posterior es de una sola modalidad, incluso el objetivo del entrenamiento (técnico o rendimiento general). Como se ha comentado anteriormente, el componente lúdico intentaremos que esté presente ya que favorecerá otros aspectos como la motivación y la cohesión.

Además, abogamos por el uso de música en todas las fases del entrenamiento, ya que se ha destacado que el uso de ésta disminuye la percepción de esfuerzo, así como, una disociación de sentimiento de dolor y fatiga. Asimismo, el tipo de música escogida debe ser analizada ya que se ha destacado que una música rápida tiene un efecto estimulante mientras que una música suave el efecto es sedante (Terry y Karageorghis, 2006).

Respecto al tiempo dedicado al calentamiento en general estará en torno a 10-20 minutos siempre que la intensidad sea moderada (40-60% VO2max) (Pérez-López y Cerrato, 2013) y en función de la temperatura ambiental, ya que estos autores destacan que a esa intensidad no se produce el agotamiento y regeneración de fosfocreatina, además permite el equilibrio óptimo entre éstos y el aumento de la temperatura muscular a la vez que permite un reclutamiento de acciones de potencia mayor, evitando la acumulación de metabolitos perjudiciales. En cuanto a la duración de cada una de las partes o fases del calentamiento sería óptimo destinar alrededor de 5 minutos a los ejercicios articulares globales, 2-3 min a los estiramientos dinámicos, 3-5 min al entrenamiento neuromuscular, 2-3 activación core y 2-3 min a los ejercicios específicos. Cabe destacar que, el tiempo indicado (10-20 minutos) dependerá de los deportistas, así como, el objetivo posterior, buscando diferentes intensidades, incluso una elevada intensidad si lo que buscamos es la mejora de la potenciación post-activación (PAP), y que nos llevará a controlar el tiempo que habrá entre calentamiento y performance posterior con el fin de reducir la fatiga.

En la tabla 2 se indican las pautas a considerar en el diseño de un calentamiento pre-entrenamiento físico (entrenamiento complementario al del propio baile):

Tabla 2. Pautas a considerar en el calentamiento

Fases / Tipo de Actividad	Ej. Articulares Glob + Est. Din + Eto. Neuromus. + Activ. Core + Ej. Esp.
Intensidad	40-60% VO2max (Moderada)
Duración	~10-20 min

Nota: Ej: ejercicios; Glob: globales; Est: estiramientos; Din: dinámicos; Eto: entrenamiento; Neuromus: neuromuscular; Activ. Core: Activación Core; Esp: específicos. Adaptado de Pérez-López y Cerrato (2013).

2.1.2. Calentamiento pre-competición

Cuando hablamos de un calentamiento para una competición, tanto el tiempo como la estructuración pueden e incluso deben variar. En este sentido, la estructuración de un calentamiento para una competición podría dividirse en 4 partes, siguiendo en las 3 primeras la línea de Pérez-López y Cerrato (2013): 1) una parte aeróbica, 2) una parte de estiramientos dinámicos, 3) ejercicios de potencia, velocidad y agilidad, que para este deporte lo realizaríamos tanto individualmente como en pareja y 4) una última parte de contacto y sentimiento/sensación con la pista. La duración mínima debería ser en torno a 10-20 min a una intensidad moderada (en función también de las rondas que se vayan a bailar), más la parte de contacto con la pista en la que se trabajará ya con la pareja para la ejecución técnica/coreográfica del propio baile. Otro de los aspectos a controlar cuando hablamos de un calentamiento previo a una competición sería el tiempo de recuperación o el tiempo existente entre que finalizamos el calentamiento y se produce la primera ronda de competición. Esto a veces es complicado controlarlo debido a que cada pareja llega al centro deportivo con un tiempo diferente, la zona de calentamiento mientras se está produciendo la competición puede que sea pequeña y esté saturada de deportistas, que se dedique demasiado tiempo a la preparación de la vestimenta tras el calentamiento y se llegue justo a la entrada a la pista. Cabe destacar que el papel del entrenador es complicado ya que no puede controlar todas estas situaciones, debido a que pueden estar compitiendo simultáneamente otras parejas que también entrene. Es por ello que, la figura del preparador físico tiene cada vez mayor relevancia para controlar estos aspectos, siendo importante que sea siempre un titulado universitario en Ciencias de la Actividad Física y el Deporte el que controle y planifique estos momentos junto al entrenador de baile para optimizar el tiempo y buscar el máximo rendimiento, a la vez que se previenen posibles lesiones. Además, es imprescindible formar a los deportistas en estos parámetros explicándoles los beneficios y perjuicios que sus actuaciones conllevan para que puedan planificar su competición, estableciéndose así una rutina competitiva. Sin embargo, es importante destacar que no hay suficiente bibliografía científica acerca del Baile Deportivo que nos permita afirmar concienzudamente todos los datos aquí expuestos, pero sí la hay en otros deportes en los que podemos hacer una transferencia directa en función del tipo de vía energética más utilizada, tipología del movimiento, etc. Por tanto, aconsejamos que tanto entrenadores como deportistas tomen a bien estas recomendaciones para poder incorporarlas en sus rutinas, primero de entrenamiento y posteriormente de competición para que exista una adaptación progresiva.

Del mismo modo que en el calentamiento previo a entrenamiento, en la tabla 3 se exponen las pautas a considerar para el diseño de un calentamiento pre-competición:

Tabla 3. Pautas a considerar en el calentamiento previo a una competición

Fases / Tipo de Actividad	Ej. Articulares Glob + Est. Din + Eto. Neuromus. + Activ. Core + contacto con la pista
Intensidad	40-60% VO2max (Moderada)
Duración	~10-20 min

Nota: Ej: ejercicios; Glob: globales; Est: estiramientos; Din: dinámicos; Eto: entrenamiento; Neuromus: neuromuscular; Activ. Core: Activación Core. Adaptado de Pérez-López y Cerrato (2013).

2.2. FUERZA Y POTENCIA MUSCULAR

Una mejora de la fuerza muscular y de la potencia en miembros inferiores se ha relacionado con efectos positivos en la performance del baile (Koutedakis et al., 2007; Malkogeorgos et al., 2013). Si bien es cierto que hay una creencia respectos a los efectos negativos que el entrenamiento de fuerza pueda provocar en la flexibilidad, conllevando a una hipertrofia muscular y a una disminución de la apariencia estética (Koutedakis, Stavropoulos-Kalinoglou, y Metsios, 2005). Esta creencia de los bailarines es infundada ya que no existe bibliografía contundente que respalde estas afirmaciones (Koutedakis et al., 2007). Si analizamos los diferentes bailes, observamos saltos explosivos, elevaciones y descensos, giros (con o sin desplazamiento) (Koutedakis y Jamurtas, 2004), ejercicios y/o figuras con contracción isométrica y en general una elevada potencia muscular mantenida a lo largo de un baile como puede ser en el caso de Jive o Quick Step; todo ello va a provocar la necesidad del trabajo de fuerza en sus diferentes modalidades. Este trabajo de fuerza se podrá trabajar mediante pliometría (como método para el trabajo de fuerza explosiva), referida a movimientos rápidos y potentes, que permiten al músculo alcanzar su fuerza máxima en el período más corto posible (Baechle y Earle, 2007), incluso utilizando ejercicios propios del Jive o Quick Step (tal y como se ha comentado anteriormente), o combinándolo con ejercicios en escalera de coordinación y con ejercicios siempre transferibles al Baile Deportivo.

El trabajo de fortalecimiento mediante el uso de minibands también puede favorecer la transferencia hacia las posturas isométricas (Figura 1) que caracterizan a este deporte, bien sea para el trabajo de miembros superiores en posición estática (posición en Estándar) (Figura 2), o para el trabajo en miembros inferiores tanto para baile Latino (Figura 3) como para Estándar.

Figura 1. Trabajo de fortalecimiento con minibands posturas isométricas

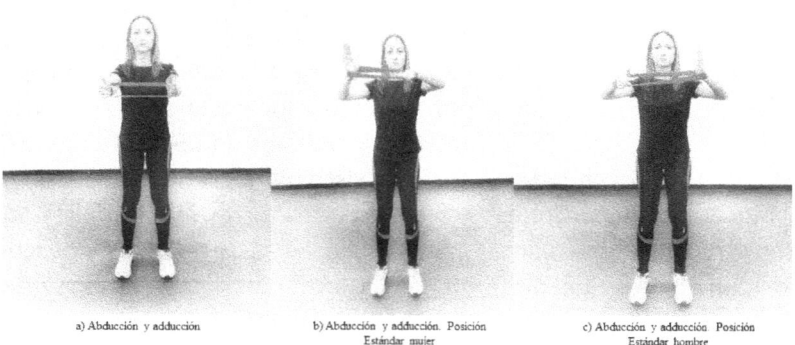

Figura 2. Trabajo de fortalecimiento con minibands modalidad Estándar

Figura 3. Trabajo de fortalecimiento con minibands miembros inferiores

Además, este trabajo de fuerza isométrica podría combinarse junto al trabajo pliométrico y el trabajo en escalera de coordinación, favoreciendo la transferencia directa al deporte.

Cabe destacar también que mediante el *High Intensity Interval Training* (entrenamiento por intervalos de alta intensidad, HIIT por sus siglas en inglés) (ver el subapartado siguiente) podríamos trabajar estos aspectos, aunque hasta ahora la literatura científica no ha aportado los suficientes datos que corroboren sus beneficios en el Baile Deportivo.

2.3. RESISTENCIA CARDIORRESPIRATORIA

En el capítulo anterior ya se ha comentado las características fisiológicas que caracterizan al Baile Deportivo en general, y a cada una de sus modalidades en particular. Cabe destacar previamente que las respuestas cardiorrespiratorias en entrenamientos en danza son inferiores a las que se producen cuando están actuando o compitiendo, por lo que son aspectos a considerar a la hora de diseñar los entrenamientos (Rodrigues-Krause et al., 2015).

En este sentido, para poder entender la propuesta de trabajo y así mejorar el rendimiento aeróbico y anaeróbico, es necesaria una conceptualización breve. Así pues, la resistencia cardiorrespiratoria es entendida como la capacidad de realizar y sostener ejercicios rítmicos prolongados y está relacionada con el sistema cardiovascular y respiratorio, por lo que está relacionado con el desarrollo aeróbico (Wilmore y Costill, 2007). Dicho de otro modo, es la capacidad de mantener un esfuerzo durante un tiempo prolongado a una intensidad moderada (Cañizares y Carbonero, 2016). En cambio, la resistencia anaeróbica sería la capacidad para el mantenimiento de un esfuerzo de alta intensidad durante el mayor tiempo posible. Ésta se subdivide en dos tipos, anaeróbica láctica y anaeróbica aláctica. La primera hace referencia a esfuerzos que oscilan entre 30-90 segundos por encima del VO_{2max}; y la segunda hace referencia a esfuerzos cuya duración se encuentra entre los 5 y 20 segundos. Cabe destacar que el lactato es utilizado como un indicador de la fatiga muscular (Malkogeorgos et al., 2013).

Atendiendo a esta conceptualización, y siguiendo a Rodrigues-Krause et al. (2015), creemos que el HIIT es la forma de entrenamiento óptima para los requerimientos que actualmente tienen las coreografías de los bailarines (aunque estos autores no se refieren al Baile Deportivo en concreto, es algo que se puede transferir a este tipo de deporte de manera fehaciente). El entrenamiento interválico implica series repetidas cortas o largas de ejercicios a intensidad bastante alta, intercaladas con periodos de recuperación (Billat, 2001). Sin embargo, debido a la terminología de habla inglesa, son muchos los tipos y nomenclaturas utilizadas para hablar del entrenamiento interválico como puede ser SIT (sprint interval training), HIIT largo y HIIT Corto, RST (repeated sprint training), HIRT (high-intensity interval resistance training),... (Buchheit y Laursen, 2013; Paoli et al., 2012) y que se diferencian en la duración de sus diferentes variables, como son: el número de repeticiones, la pausa entre repeticiones, número de series y su duración, descanso entre series, tipo de estímulo y su duración, etc. Cabe destacar los beneficios encontrados por diferentes autores en el uso de este entrenamiento interválico en diferentes poblaciones como son el aumento de la contractibilidad miocárdica y vasodilatación capilar y arteriola, cambios en la cámara ventricular izquierda y cambios en la espesor de la pared del miocardio, mejora de la potencia aeróbica máxima y de la masa muscular, así como un descenso de la masa grasa, mayor cantidad de fibras musculares de contracción rápida, mayor capacidad oxidante, mejora la tolerancia a periodos de sobrecarga, mejora el rendimiento de la resistencia, y a nivel general una mejora en la condición física empleando menor tiempo (Billat, 2001). Así pues, para poder hacer un buen diseño de HIIT deben considerarse estos y otros aspectos como: qué entrenamiento interválico se va a diseñar, con qué frecuencia se va a realizar, cómo vamos a compaginar las diferentes variables para adaptarlo al deporte (y a la modalidad), cómo se va a controlar la intensidad, qué descanso se va a dejar entre sesiones para que se produzca adaptación, qué tipo de calentamiento previo al HIIT se va a realizar,... Al mismo tiempo que se piensa en todos estos parámetros y aspectos, debemos tener presente la experiencia y nivel del deportista en los ejercicios planteados, así como también el nivel deportivo (nivel de condición física) para cuidar la técnica, evitando posturas incorrectas y ejercicios contraindicados, así como las diferencias no sólo de edad, sino entre género, ya que los efectos son diferentes en hombres y mujeres, así como, en la percepción en la intensidad. No obstante, siempre se deben considerar las contraindicaciones oportunas que le puedan causar un daño o perjuicio (ver estudio de Weston, Wisløff, y Coombes, 2014).

Así pues, considerando todo lo expuesto con las características propias del baile, para diseñar un entrenamiento interválico se debería tener presente:

- Experiencia previa con el entrenamiento físico (condición física general)
- Nivel físico
- Edad
- Qué tipo de HIIT se va a utilizar y en función de esta elección:
    o Nº de bloques
    o Intensidad de trabajo y cómo se controla: percepción del esfuerzo con escala de Borg (RPE) (>15 con escala de 6 a 20, o >6/7 con escala hasta 10)
    o Nº de intervalos
    o Duración de los intervalos
    o Tiempo de recuperación/descanso (entre intervalos y/o entre bloques).
    o Qué tipo de recuperación: activa/pasiva
    o Tiempo total de la sesión.
    o Ejercicios seleccionados y su orden

Otra de las formas de realizar un entrenamiento interválico para la mejora de la aptitud cardiorrespiratoria reside en el diseño de las propias clases de baile o entrenamiento específicos de baile, introduciendo y manipulando la relación ejercicio-descanso (Rodrigues-Krause et al., 2015).

En este sentido, Rodrigues-Krause et al. (2015) y Wyon (2005) recomiendan para el trabajo de potencia aeróbica en bailarines una relación de ejercicio-descanso 1:1, con un tiempo total por ejercicio de 3 a 6 minutos, a una intensidad del 90-95% del VO_{2max} (RPE 16 a 17) y una recuperación activa a baja intensidad aeróbica.

2.4. FLEXIBILIDAD Y RANGO DE MOVIMIENTO (ROM)

La técnica del baile es la base del deporte, pero, una vez llegada a categorías elevadas, debe considerarse otro componente como es el estilo libre, que va a requerir tanto la movilidad estática como dinámica de las articulaciones, ligamentos y musculatura del cuerpo (Uzunović y Kostić, 2005). Así pues, la danza en general, y el Baile Deportivo en particular va a requerir de niveles óptimos de flexibilidad y amplitud de movimiento, con el objetivo de maximizar la versatilidad del movimiento (Koutedakis, Owolabi, y Apostolos, 2008), requiriéndolo fundamentalmente en miembros inferiores (Wyon, Felton, y Galloway, 2009). Pese a la necesidad e importancia de tener un óptimo rango de movimiento y flexibilidad, Monleón et al. (2014) observaron el bajo porcentaje de bailarines (siendo el 50% de los hombres y el 42.9% en mujeres) que realizan estiramientos siempre.

Para ello, se propone la combinación de actividades como Pilates y Yoga ya que favorece el trabajo de flexibilidad y fuerza, mediante el uso de posturas y ejercicios relacionados con el propio Baile Deportivo, que favorezcan la armonía corporal, ya que considera el cuerpo como una unidad (Winsor y Laska, 2005). De este modo, favorece el trabajo de coordinación y equilibrio, siendo conscientes del movimiento en todo su recorrido.

2.5. SOBREENTRENAMIENTO

El síndrome de sobreentrenamiento, sobrecarga o fatiga crónica tiene una gran relevancia en la performance de los deportistas, no sólo a nivel físico sino también a nivel técnico y psicológico.

El síndrome de sobreentrenamiento lleva al deportista a tener un rendimiento inferior al que acostumbra, a no recuperarse bien tras las sesiones, a tener con mayor frecuencia lesiones, inestabilidad emocional, trastornos del sueño, a presentar un malestar general e incluso una pérdida de interés por el entrenamiento de alto nivel, entre otros factores (McArdle, Katch, y Katch, 2004).

Tabla 4. Signos y síntomas del síndrome de sobreentrenamiento

Síntomas relacionados con el rendimiento	- Descenso del rendimiento - Fatiga persistente - Necesidad de una recuperación excesiva tras competiciones - Rendimiento inconsistente
Síntomas fisiológicos	- Descenso de la capacidad máxima de trabajo - Cefaleas o dolores de estómago frecuentes - Insomnio - Rigidez persistente y dolores musculares/articulares - Estreñimiento o diarrea frecuentes - Pérdida inexplicada de apetito y de masa muscular - Amenorrea - Frecuencia cardíaca elevada en reposo
Síntomas psicológicos	- Depresión - Apatía general - Disminución de la autoestima - Cambios del comportamiento - Dificultad para concentrarse - Pérdida del impulso competitivo

Nota: Tomado de McArdle et al. (2004)

Los síntomas suelen aparecer hacia final de temporada, por lo que se recomienda disminuir el volumen de entrenamiento y una buena alimentación (tema que será tratado en el Capítulo 6). No obstante, los síntomas que se derivan de este síndrome, son subjetivos y son identificados cuando el rendimiento físico ya ha disminuido, primer indicio de que puede tener sobreentrenamiento (Wilmore y Costill, 2007). Debido a la importancia del síndrome de sobreentrenamiento en el rendimiento de los deportistas, es importante pronosticarlo y prevenirlo, sabiendo que tiene un origen multifactorial. De este modo, deben considerarse diferentes aspectos en los entrenamientos como la tolerancia a la tensión tanto fisiológica como psicológica del deportista, volumen e intensidad del entrenamiento (Wilmore y Costill, 2007).

Una vez los deportistas tienen sobreentrenamiento, habrá que reducir la intensidad del entrenamiento incluso realizando reposo absoluto, y controlar la dieta para satisfacer los requerimientos energéticos del deportista (Wilmore y Costill, 2007).

En relación con el baile, siguiendo a Rodrigues-Krause et al. (2015), se requiere de la contribución de diferentes sistemas energéticos, de tal modo que es importante considerar los periodos de recuperación en coreografías prolongadas (en el caso de la danza en general), y más específicamente en Baile Deportivo es importante considerar y analizar las coreografías de los bailarines, para poder extraer de ellas el máximo rendimiento evitando la fatiga y el sobreentrenamiento.

Así pues, la reducción del volumen de entrenamiento tiene que ser considerado por el preparador físico junto al entrenador de baile, el psicólogo y el nutricionista, para que, mediante el trabajo multidisciplinar, el deportista pueda estar en las mejores condiciones a final de temporada, o para competiciones importantes como campeonatos nacionales, autonómicos o internacionales que se hacen a lo largo de la temporada.

En general, los deportistas de Baile Deportivo, una vez finalizada la temporada dejan de entrenar para hacer un descanso o coger las vacaciones. En este sentido, los deportistas suelen realizar un parón sin ningún tipo de entrenamiento, es decir, un descanso pasivo, que puede prolongarse, en ocasiones, hasta un mes (mes de vacaciones de verano). Todo ello repercute en una pérdida de la condición física general y de la performance, por lo que, la preparación de pretemporada debería empezar antes y con un nivel inferior respecto al de un deportista que haya realizado un descanso activo.

Es por ello que se aboga por un descanso activo en el que el deportista siga el mantenimiento de su condición física general en su descanso competitivo, realizando otras actividades como puede ser ir a patinar, nadar, correr, ir en bicicleta, todo ello con el propósito de ese mantenimiento físico y de la compensación muscular. Esto debe ser dirigido por el preparador físico, para que, conociendo sus intereses y motivaciones, pueda ayudarle en la planificación de su descanso activo y que éste esté controlado.

Para evitar el sobreentrenamiento y el *burnout* del deportista se recomienda:

- En la pre-temporada todos los profesionales relacionados con el club y el deportista se reúnan para establecer una hoja de ruta, una planificación acorde a su nivel deportivo, coste económico y exigencia física, para minimizar la posibilidad de sobreentrenamiento y *burnout*. Mediante esta planificación anual de la temporada se controlarán todas las competiciones a las que el deportista acudirá, frecuencia de entrenamiento, horas de entrenamiento específicos de baile, horas de entrenamiento destinadas a la preparación física, horas de actividades complementarias (ballet, contemporáneo,...), días de descanso activo... En esta misma planificación se especificará los días en los que se reúnen con el psicólogo, bien sea de manera individual (entendiendo que son una pareja) o bien en grupo (una clase magistral para la escuela/club de baile). Además, se contabilizarán los diferentes trainings bien sean de ámbito nacional o internacional. Por último y no por ello menos importante, se realizarán unas recomendaciones nutricionales y en su caso dietas que estarán acorde a la carga física de la temporada.
- Los días de descanso activo (días que no se entrena, que no se acude a la escuela/club de baile), se realizarán actividades adaptadas a las necesidades y gustos del deportista en concreto.
- En temporada de vacaciones o festivos, se programarán actividades que favorezcan la recuperación y el mantenimiento de la condición física.

Para realizar este trabajo, es imprescindible que todos los profesionales del deporte se reúnan previamente con cada pareja por separado para establecer la forma de trabajo de cada ámbito. Tras ello, y en ausencia de la pareja, deberían reunirse para el establecimiento de sus objetivos (físicos, de rendimiento, técnicos, psicológicos, de pareja,...), así como la coordinación y planificación de sus acciones y tareas a emprender. Finalmente, se reúnen con la pareja de nuevo para explicarles cómo estará organizada su temporada y cerrar provisionalmente esta planificación, ya que podrá y deberá modificarse a lo largo de la temporada en función de los acontecimientos que vaya ocurriendo a lo largo de ésta.

El cambio de una de las partes, deberá ser comunicada a los demás componentes del equipo profesional para que, en el caso de que sea necesario, se adapten las demás circunstancias. Si un eslabón del equipo no funciona de manera óptima, todos los demás se verán comprometidos y repercutirá negativamente en la pareja de baile.

REFERENCIAS

ACSM. (2009). *ACSM's Guidelines for Exercise Testing and Prescription* (8ª). Nueva York: Williams and Wilkins.

Ayala, F., de Baranda, P. S., & Croix, M. D. S. (2016). Estiramientos en el calentamiento: Diseño de rutinas e impacto sobre el rendimiento. *Revista Internacional de Medicina y Ciencias de la Actividad Física y del Deporte*, *12*(46).

Baechle, T., & Earle, R. (2007). *Principios del entrenamiento de la fuerza y del acondicionamiento físico* (2a ed.). Buenos Aires, Argentina: Ed. Médica Panamericana.

Billat, V. (2001). Interval training for performance: A scientific and empirical practice. *Sports Medicine*, *31*(1), 13–31.

Bishop, D. (2003). Warm up I: Potential Mechanisms and the Effects of Passive Warm Up on Execise Performance. *Sports Medicine*, *33*(6), 439–454.

Borreani, S., Calatayud, J., Martin, J., Colado, J. C., Tella, V., & Behm, D. (2013). Exercise intensity progression for exercises performed on unstable and stable platforms based on ankle muscle activation. *Gait & Posture*, *39*(1), 404–409. https://doi.org/10.1016/j.gaitpost.2013.08.006

Bria, S., Bianco, M., Galvani, C., Palmieri, V., Zeppilli, P., & Faina, M. (2011). Physiological characteristics of elite sport-dancers. *The Journal of Sports Medicine and Physical Fitness*, *51*(2), 194–203.

Buchheit, M., & Laursen, P. B. (2013). High-Intensity Interval Training, Solutions to the Programming Puzzle: Part II: Anaerobic Energy, Neuromuscular Load and Practical Applications. *Sports Medicine*, *43*(10), 927–954. https://doi.org/10.1007/s40279-013-0066-5

Cañizares, J. M., & Carbonero, C. (2016). *Capacidades Físicas Básicas: Su desarrollo en la edad escolar*. Sevilla, España: Wanceulen S.L.

Fort, A., & Romero, D. (2013). Rol del sistema sensoriomotor en la estabilidad articular durante las actividades deportivas. *Apunts.*

Medicina de l'Esport, 48(178), 69–76. https://doi.org/10.1016/j.apunts.2012.09.002

Koutedakis, Y., Hukam, H., Metsios, G., Nevill, A., Giakas, G., Jamurtas, A., & Myszkewycz, L. (2007). The Effects of Three Months of Aerobic and Strength Training on Selected Performance- and Fitness-Related Parameters in Modern Dance Students. *The Journal of Strength and Conditioning Research*, 21(3), 808. https://doi.org/10.1519/R-20856.1

Koutedakis, Y., & Jamurtas, A. (2004). The dancer as a performing athlete. *Sports Medicine*, 34(10), 651–661.

Koutedakis, Y., Owolabi, E. O., & Apostolos, M. (2008). Dance biomechanics: a tool for controlling health, fitness, and training. *Journal of Dance Medicine & Science*, 12(3), 83–90.

Koutedakis, Y., Stavropoulos-Kalinoglou, A., & Metsios, G. (2005). The significance of muscular strength in dance. *Journal of Dance Medicine & Science*, 9(1), 29–34.

Liébana, E., Blasco, E., Monleón, C., Pablos, C., & Moratal, C. (2017). Muscular activation in rumba bolero in elite dancers of DanceSport. *Journal of Human Sport and Exercise, 12*(3proc), S807-S812. https://doi.org/10.14198/jhse.2017.12.Proc3.04

Malkogeorgos, A., Zaggelidou, E., Zaggelidis, G., & Christos, G. (2013). Physiological Elements Required by Dancers. *Sport Science Review*, 22(5–6), 343-368. https://doi.org/10.2478/ssr-2013-0017

McArdle, W., Katch, F., & Katch, V. (2004). *Fundamentos de fisología del ejercicio* (2ª ed.). Madrid, España: McGrall Hill.

Mistiaen, W., Roussel, N. A., Vissers, D., Daenen, L., Truijen, S., & Nijs, J. (2012). Effects of Aerobic Endurance, Muscle Strength, and Motor Control Exercise on Physical Fitness and Musculoskeletal Injury Rate in Preprofessional Dancers: An Uncontrolled Trial. *Journal of Manipulative and Physiological Therapeutics*, 35(5), 381–389. https://doi.org/10.1016/j.jmpt.2012.04.014

Monleón, C., Martín, M., Esther, B., Fargueta, M., Elvira, L., Molina, S., & Sanchis, C. (2014). Balance muscular, focos de dolor y hábitos deportivos en jóvenes atletas de Baile Deportivo. En *Promoción de la actividad física en la infancia y la adolescencia: en el camino de las soluciones reales* (pp. 255–256). Madrid: Consejo Superior de Deportes, Servicio de Documentación y Publicaciones.

Norris. (2004). *La guía completa de estiramientos* (2ª ed.). Barcelona: Paidotribo.

Paoli, A., Moro, T., Marcolin, G., Neri, M., Bianco, A., Palma, A., & Grimaldi, K. (2012). High-Intensity Interval Resistance Training (HIRT) influences resting energy expenditure and respiratory ratio in non-dieting individuals. *Journal of Translational Medicine, 10*(1), 237.

Pérez-López, A., & Cerrato, D. V. (2013). Bases fisiológicas del calentamiento en voleibol: propuesta práctica., *8*(22), 31–40. https://doi.org/10.12800/ccd

Rodrigues-Krause, J., Krause, M., & Reischak-Oliveira, Á. (2015). Cardiorespiratory Considerations in Dance: From Classes to Performances. *Journal of Dance Medicine & Science, 19*(3), 91–102. https://doi.org/10.12678/1089-313X.19.3.91

Terry, P.C., & Karageorghis, C.I. (2006). Psychophysical effects of music in sport and exercise: An update on theory, research and application. En M. Katsikitis (Ed.), *Psychology bridging the Tasman: Science, culture and practice – Proceedings of the 2006 Joint Conference of the Australian Psychological Society and the New Zealand Psychological Society* (pp. 415-419). Melbourne, VIC: Australian Psychological Society.

Uzunović, S., & Kostić, R. (2005). A study of success in latin american sport dancing. *Facta Universitatis, 3*(1), 23–35.

Weston, K. S., Wisløff, U., & Coombes, J. S. (2014). High-intensity interval training in patients with lifestyle-induced cardiometabolic disease: a systematic review and meta-analysis. *British Journal of Sports Medicine, 48*(16), 1227–1234. https://doi.org/10.1136/bjsports-2013-092576

Wilmore, J. H., & Costill, D. L. (2007). *Fisiología del Esfuerzo y del Deporte* (6ª ed.). Barcelona, España: Paidotribo.

Winsor, M., & Laska, M. (2005). *PILATES. El centro de energía.* (3a ed.). Barcelona, España: Editorial Paidotribo.

Wyon, M. (2005). Cardiorespiratory training for dancers. *Journal of Dance Medicine & Science, 9*(1), 7–12.

Wyon, M., Felton, L., & Galloway, S. (2009). A comparison of 2 stretching modalities on lower-limb range of motion measurements in recreational dancers. *The Journal of Strength and Conditioning Research, 23*(7), 2144–2148.

Capítulo 3
Exigencias psicológicas del Baile Deportivo

3.1. EL ENTRENAMIENTO PSICOLÓGICO EN EL DEPORTE DE COMPETICIÓN

La psicología ha irrumpido con fuerza en el mundo del deporte. Desde hace un par de décadas (Cantón, 2016), la intervención psicológica en el deporte de competición ha ocupado un espacio imprescindible dentro del entrenamiento: el trabajo de la parte mental dentro de la ejecución deportiva. Aunque sigue siendo en los deportes mayoritarios donde la implantación de la figura del psicólogo ha tenido más repercusión (Cabezas et al., 2003; García-Naviera y Jerez Villanueva, 2012), en los deportes considerados minoritarios representa un papel fundamental (Cantón y Checa, 2011).

La intervención psicológica en el deporte ya hace tiempo que se ha alejado de la vertiente más patológica de la "consulta psicológica" (Cantón y Checa, 2011). Ahora, habitualmente el trabajo del profesional de la psicología del deporte está integrado de un equipo multidisciplinar (y para muestra, este libro) y su objetivo es la mejora, el entrenamiento, la optimización y, en todo caso, la prevención (Cantón, 2016). Así, los deportistas y entrenadores de las generaciones más recientes, ya asumen con normalidad la figura del psicólogo integrado en equipo o colaborando de forma externa, pero siempre con el objetivo de optimizar recursos. Es cierto que en ocasiones el profesional de la psicología interviene a partir de un momento de necesidad específica, como una respuesta de ansiedad, una disminución de la motivación o manifestaciones de falta de control de la ira. Pero estas situaciones suelen ser la primera toma de contacto, que luego se convierte en un trabajo de seguimiento mantenido en el tiempo, ya que el deportista asume que la parte mental es igual de esencial que la física o la técnica.

Desde las primeras aportaciones (Hanrahan, 1996), en los últimos años el trabajo psicológico en Baile Deportivo ha empezado a emerger en el ámbito científico (Čačković, Barić y Vlašić, 2012; Chamarro, Martos, Parrado y Oberst, 2011; Canton y Checa, 2011; 2012; Tremany y

Ballinger, 2008) y en el ámbito aplicado con el trabajo de diferentes profesionales en todo el mundo como Joel Minden, Joao Capela y Maximiliaan Winkelhuis. Este último ha publicado dos obras que son referencia dentro del mundo de la preparación mental del Baile Deportivo: *"Dance to your Maximum"* (Winkelhuis, 2011) y *"Dance without stress"* (Winkelhuis, 2015). Aun así, la especialización es limitada y las publicaciones científicas escasas.

Como en cualquier deporte, es necesario que los profesionales que trabajan en Baile Deportivo cuenten con la formación y especialización adecuadas, el Grado en Psicología y una formación de Postgrado en Psicología del Deporte (Cantón, 2016). Además, es habitual que los profesionales que trabajan en Baile Deportivo presenten una dilatada experiencia personal o profesional en cualquier disciplina relacionada con la danza, lo que aporta una sensibilidad especial y/o los conocimientos necesarios para poder aportar un trabajo profesional en el Baile Deportivo. Para ello, es imprescindible que se conozcan las demandas cognitivas y emocionales que plantea la práctica de este apasionante deporte.

3.2. DEMANDAS COGNITIVAS Y EMOCIONALES DEL BAILE DEPORTIVO

El Baile Deportivo ha atrapado en los últimos años a miles de personas en todo el mundo. Su componente estético, artístico y musical, unido al componente competitivo de su ejecución, ha logrado ampliar el número de licencias y practicantes en todos los continentes (World Dance Sport Federation, 2017). Sin embargo, son pocos los profesionales de disciplinas relacionadas con el deporte que se han especializado en Baile Deportivo, y pocos los estudios que aportan algo de luz en este sentido, como ya se ha comentado.

Cualquiera que haya estado en una competición de Baile Deportivo alguna vez sabe lo que se respira: música, vivos colores, gritos de ánimo, olor a maquillaje y tinte, trajes brillantes, diferentes ritmos, parqué, gradas llenas, jueces y muchos nervios. Una de las frases habituales que se suele escuchar es "qué nervios" o "esta pareja no tiene su mejor día". Estas expresiones coloquiales que se oyen en diferentes recintos deportivos nos están hablando de la parte mental de un deporte, aquello que separa una buena de una mala ejecución, a un día brillante de uno mediocre. Y este es el objetivo de la psicología aplicada al Baile Deportivo, que una pareja o bailarín puede dar su 100%, tanto en entrenamiento como en competición.

Como se describe en Cantón y Checa (2012), el Baile Deportivo se trata de un deporte de cooperación sin oposición, según el esquema clásico de Riera (1985). Además, algunos estudios están resaltando la importancia de separar a los deportes de dúo del resto de deportes de equipo y dotarlos de entidad propia (Checa y Bohórquez, 2016; 2017). En todo caso, para conocer las demandas emocionales y cognitivas de este deporte es necesario saber cómo se desarrolla una competición, cuáles son las normas y qué estímulos son relevantes para un deportista. En la figura 1 se observa un ejemplo habitual de la pista de baile en una competición.

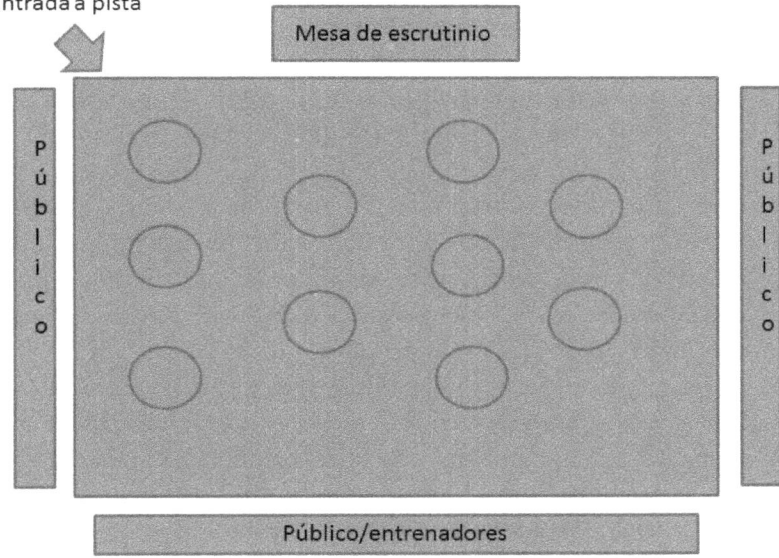

Figura 1. Situación competitiva habitual en Baile Deportivo

Como puede observarse, una competición de Baile Deportivo tiene estímulos muy variados. Pueden dividirse en 4 grupos:

- Estímulos visuales: la pareja de baile recibe muchos estímulos visuales a los que debe prestar atención. En primer lugar, un miembro de la pareja debe estar pendiente de la posición, la dirección y la mirada del otro. Además, el deportista debe mantener el contacto visual con el resto de parejas participantes, ya que debe evitar los choques en pista. Habitualmente, esta función la ejerce el hombre, sobre todo en la modalidad Estándar, donde la posición de la mujer hace muy difícil la visión periférica. En tercer lugar, la pareja debe mantener contacto visual con el público en la mayoría de ocasiones ya que, aunque no es imprescindible, mejora las sensaciones y por consiguiente, la ejecución. En ocasiones, el deportista busca también el contacto visual con su entrenador/a, del que reclama refuerzo positivo o instrucciones técnicas. Todos estos estímulos visuales deben ser procesados de forma conjunta durante los aproximadamente 90 segundos que dura cada baile.

- Estímulos auditivos: si hay un deporte en el que el estímulo auditivo es importante, ese es el Baile Deportivo. La música es una característica distintiva y especial, y sin ella, esta disciplina no existiría. Existen diez ritmos diferentes entre las dos modalidades, y por tanto, diez estímulos diferentes, con requerimientos distintos. Además, la canción que suena puede mejorar las sensaciones de una pareja o deportista, o por el contrario, empeorarlas. Es habitual que los deportistas entrenen con un tipo de música, con una cadencia o velocidad determinada, y cuando esas características cambian en competición, los deportistas de categorías bajas suelen verse afectados. En categorías superiores o con más experiencia, este aspecto suele estar más controlado, pero también existen preferencias que condicionan las emociones experimentadas ante cada canción.

- Estímulos táctiles: en Baile Deportivo, el sentido del tacto es un sentido hiperentrenado. La comunicación no verbal a través del contacto físico, sobre todo de las extremidades y tronco superior, son la base del buen funcionamiento de una pareja de baile. En una pareja, el hombre dirige la acción, el movimiento y las direcciones de ambos, y debe hacerlo a través del contacto físico. Desde pequeños, los practicantes de esta disciplina deben aprender a interpretar, en primer lugar, sus propios movimientos corporales y musculares, y después los movimientos del otro y sus señales. Por tanto, uno de los entrenamientos atencionales más importantes debe dedicarse a la percepción e interpretación de estos estímulos táctiles entre los miembros de la pareja.

El entrenamiento de la gestión y control de todos estos estímulos es uno de los objetivos del entrenamiento mental, pero no es el único. Aunque en el siguiente capítulo será abordado en profundidad, es necesario señalar que el trabajo psicológico puede dividirse en tres apartados: precompetitivo, durante la competición y postcompetitivo.

El entrenamiento precompetitivo se trata de un trabajo orientado a mejorar las habilidades psicológicas necesarias para competir: establecimiento de objetivos, activación, control de pensamiento, visualización y gestión de los entrenamientos.

La intervención durante las competiciones suele ser bastante individualizada, dirigida a las necesidades de cada pareja en particular. Es cierto que la presencia del psicólogo/a no debe ser imprescindible durante la competición, pero en esos momentos se ponen en marcha estrategias psicológicas, esté o no presente el responsable del entrenamiento mental. Es especialmente importante trabajar los aspectos de cumplimiento de la rutina competitiva y observar dos aspectos clave: las respuestas de ansiedad, ya sean cognitivas, fisiológicas o conductuales, y la gestión de la concentración antes de comenzar y entre los *heats* o rondas.

La intervención tras finalizar la competición está habitualmente dirigida a gestionar las atribuciones causales relacionadas con el éxito y el fracaso, las decisiones de los jueces, el cumplimiento o no de los objetivos marcados y la reestructuración de objetivos.

Todos estos aspectos serán desarrollados en el próximo capítulo, profundizando en el manejo y la descripción de las técnicas, con herramientas aplicadas para entrenadores y bailarines. Para ello, es importante describir las exigencias que supone el desarrollo de un deportista en esta disciplina en sus cuatro fases: iniciación, ascenso y perfeccionamiento, máximo nivel y retirada.

3.3. EXIGENCIAS PSICOLÓGICAS DE LA CARRERA DEPORTIVA

El inicio del Baile Deportivo es quizá algo diferente a lo que sucede en otros deportes. No es casual debido a que no es una disciplina accesible en entornos escolares o familiares, y habitualmente es un deporte al que se accede por dos motivos: o es una decisión conscientemente tomada por el deportista que reclama a sus padres que "quiere bailar", o alguien muy cercano ha introducido ese interés en él o ella.

El desarrollo de la carrera de baile tiene varios ascensos y promociones de categoría que resultan situaciones estresantes en sí mismas y el mantenimiento de una pareja en el más alto nivel no depende, desgraciadamente, únicamente de su nivel técnico o sus cualidades artísticas, sino también de su capacidad económica. Además, la retirada del Baile Deportivo es una experiencia habitualmente compleja, rodeada por multitud de factores extradeportivos. En este apartado se describen los aspectos emocionales y psicológicos que se viven en una carrera deportiva de baile en sus diferentes fases.

3.3.1. Inicio de la práctica de Baile Deportivo

Los inicios en Baile Deportivo comparten con cualquier disciplina deportiva la motivación básicamente intrínseca de sus participantes. Así, los bailarines de 5, 6 o 7 años que comienzan sus primeros pasos lo hacen por el puro placer de hacerlo. Esta motivación autodeterminada es aún más relevante si cabe en entornos como la danza (García-Garay, 2016) o en otros deportes minoritarios (González y Garcés de Los Fayos, 2009), ya que los componentes extrínsecos (reconocimiento, dinero, éxitos) tardan un tiempo en llegar, si es que lo hacen. Por tanto, un bailarín novel, ya sea tan joven o se inicie algo mayor, busca en el Baile Deportivo la práctica de una pasión, la expresión de una necesidad que es, habitualmente, muy profunda.

Los entrenamientos en Baile Deportivo en los inicios son duros. El control del cuerpo, el ritmo, la coordinación con el otro miembro de la pareja, la expresividad...son habilidades que han de aprenderse bien desde el principio y en ocasiones, el deportista tiene la sensación de no avanzar. Habitualmente han de hacer frente a resultados de los jueces que no comparten, descalificaciones por pasos inapropiados o instrucciones de los entrenadores que no llegan a entender. Por eso, en esta etapa son tan importantes dos referentes: los padres y el entrenador/a.

El entrenador/a de los bailarines noveles es habitualmente un referente en diferentes aspectos. Quizá sigue siendo un bailarín en activo, amateur o profesional, y el deportista disfruta de verlo competir. Quizá hace años que ya no compite, pero ha sido un gran bailarín/a que cosechó grandes éxitos. En cualquier caso, esa persona se convierte en un guía en la carrera deportiva y sus decisiones suelen ser asumidas por el deportista novel sin discusión. Esas decisiones se pueden referir a cuestiones técnicas, de relación con la pareja, competiciones, vestuario, promociones...

Por otro lado, los padres están habitualmente presentes. Tienen mucha relación con el entrenador/a y suelen consultar todo lo que no conocen, que en este deporte suele ser mucho: el tipo de vestuario y peinado adecuado para cada grupo de edad, las clases de pasos permitidas en cada categoría o el proceso de obtención de puntos en una promoción. Todo ello está siempre mediado por una cuestión importantísima en este deporte: el dinero. Al principio, practicar este deporte no es excesivamente caro comparado con otros: son necesarios unos zapatos, ropa adecuada para bailar y pagar la cuota de la escuela donde se entrena. Pero poco a poco, las necesidades van siendo mayores: vestidos más caros, zapatos nuevos, clases particulares, inscripción a competiciones, desplazamientos...Los padres van siendo conscientes que este deporte es algo más que una pasión: es una inversión de alto riesgo, sobre todo si el éxito no es disfrutar y superarse a sí mismo, sino ganar siempre.

Por ello, es obligación tanto de los padres como de los entrenadores compartir un discurso común sobre los resultados: las decisiones de los jueces son una parte inherente de este deporte y la subjetividad es una de las características que hacen especial a esta disciplina. Por tanto, es tarea de los entrenadores y progenitores trabajar antes y después de la competición en la aceptación y el respeto de los resultados, evitando siempre la crítica o la sospecha de uno u otro juez. Hay que recordar que cuando una pareja obtiene un buen resultado nunca hay quejas, siempre es percibido como justo. No hay que olvidar que la realidad depende del que la percibe, y que, al tratarse de un juicio subjetivo, unos días puede ser favorable y otros días no tanto. Cuando se habla sobre el esfuerzo, los gestos técnicos, las cuestiones a mejorar, ect... estamos poniendo el foco en aquello que podemos cambiar; sin embargo, cuando hablamos de las decisiones de los jueces, los niños perciben que no pueden hacer nada para cambiarlo y lo convertimos en un fracaso incontrolable, en el que el deportista se siente una "víctima" que no se puede responsabilizar en modo alguno de ese resultado, y, por tanto, no puede mejorarlo.

3.3.2. Ascenso

Los ascensos y los cambios de categoría en Baile Deportivo han tenido diferentes formatos a lo largo del desarrollo de la disciplina. Hace unos años, el ranking era el que determinaba el ascenso de una pareja a una categoría superior, sin embargo, desde el año 2014 la Federación usa un sistema de promociones para poder ascender a una categoría superior. De esta forma el requisito es que la pareja debe estar clasificada entre los mejores (50%) de cada grupo de edad y categoría del total del Ranking Nacional o entre los mejores (50%) de cada grupo de edad y categoría en su Federación Autonómica y además debe haber competido en un mínimo de 6 competiciones antes de poder ascender.

Mientras el deportista va avanzando en su vida dentro del baile, es inevitable que ocurra uno de los momentos más importantes: el cambio de pareja. Estas situaciones son siempre complejas, y tienen 3 fases: ruptura de la pareja anterior, búsqueda de nueva pareja y acoplamiento y adaptación.

- En la primera fase, la ruptura de una pareja puede darse por diferentes motivos, pero los más habituales son dos: 1) diferentes objetivos, compromiso o esfuerzo; 2) mala relación entre los miembros de la pareja o entre los padres. Estas situaciones siempre sin difíciles de gestionar y pueden ser consideradas muy cercanas a un duelo romántico: uno de los miembros toma la decisión de romper la pareja y el otro se siente abandonado. Depende de la intervención de entrenadores, psicólogo y padres el que esa decisión sea bien gestionada y el duelo bien resuelto.

- En la segunda fase, el deportista inicia la búsqueda de una pareja que coincida en objetivos y compromiso, categoría y edad. En ocasiones, un bailarín/a puede decidir bailar con una pareja de categoría menor porque encuentra dificultades en encontrar una persona que cumpla los requisitos que pide. Tras el primer contacto, la pareja realiza una prueba, habitualmente con la presencia del entrenador, para comprobar si la altura es correcta, si la imagen es buena, si se comunican bien, etc...Se trata de una primera toma de contacto en la cual se establecen las bases de la futura relación deportiva. Es importante que el entrenador/a guíe la prueba para que se tengan en cuenta todos los aspectos necesarios: conexión, pesos, alturas y sensaciones. Las pruebas siempre son una situación potencialmente ansiosa para los bailarines: quieren hacerlo bien, quieren mostrar un buen nivel y en ocasiones, los nervios juegan malas pasadas. Por ello, el clima de la prueba debe ser distendido y centrado en las sensaciones, más que en la técnica.

- La tercera fase de la nueva pareja empieza justo en ese momento: si la prueba ha ido bien y existe acuerdo entre ambas partes (y el entrenador da su visto bueno), la pareja puede comenzar a entrenar. Es muy importante establecer las normas de relación y de entrenamiento en esta primera fase, ya que puede evitar muchos problemas en el futuro. En esta etapa se abren los canales de comunicación que luego serán esenciales para enfrentar los retos que la pareja tendrá por delante. Psicológicamente, siempre es interesante poner por escrito las normas de la pareja, los horarios de entrenamiento, objetivos a medio y largo plazo, etc... De esta forma, se evitan conflictos y aumenta la probabilidad de que la pareja funcione.

3.3.3. Máximo nivel

Lo que determina que una pareja continúe y tenga una vida longeva es habitualmente, los resultados. Una pareja puede comunicarse muy bien, divertirse y disfrutar, pero si los resultados no llegan, la pervivencia de esa pareja se convierte en un reto imposible. No hay que olvidar que, a pesar del componente intrínseco, el baile se trata de un deporte, y como tal, está condicionado por la competición, y la competición lleva aparejada unos resultados.

Cuando los resultados sí acompañan, la vida de la pareja puede ser larga. Es más, la comunicación puede ser mala, los enfados constantes y el malestar de la pareja ir en aumento, pero si los resultados son buenos, es más probable que la pareja continúe. Eso sí, la experiencia deportiva no será buena. Es en ese momento cuando el apoyo psicológico se hace clave y un asesoramiento puede ayudar a reactivar los canales de comunicación entre los miembros de la pareja (¡o entre los padres!).

En el Baile Deportivo, existen entre 15 o 20 parejas que son consideradas las mejores parejas del mundo. Ese es el lugar donde aspiran a llegar muchos de los deportistas. La clave está en preparar a las parejas para asumir que la llegada a la élite es sumamente difícil y no sólo está condicionada por el esfuerzo, el talento o las horas de entrenamiento: en este deporte, la capacidad económica es una variable a tener en cuenta. Como en otros deportes, como el motociclismo o el automovilismo, la inversión económica de los padres habitualmente no obtiene un retorno monetario, aunque sí puede obtenerse un retorno en forma de satisfacción, calidad de vida, disfrute: un premio intangible. Si concienciamos al deportista, (¡y a los padres!), que la carrera en Baile Deportivo no debe perseguir un beneficio económico sino un desarrollo personal, la consecución de metas y la mejora del bienestar psicológico y físico, estaremos reduciendo las posibilidades de las experiencias de fracaso, que son tan habituales en este deporte.

Y si llega a darse el caso, ¡ojalá!, que un deportista consigue llegar a lo más alto en los rankings de este deporte ha de asumir unas condiciones claras: entrenamiento técnico, físico, artístico y psicológico extremo, dedicación completa y reinvertir parte de sus ingresos en seguir recibiendo clases con los profesores más exigentes. Lo cierto es que los estilos van cambiando cada cierto tiempo, y los deportistas deben adaptarse a los gustos cambiantes de los jueces, que al ser subjetivos pueden cambiar de criterio. Pero nada de eso importa cuando uno consigue su sueño, o eso es lo que cuentan los que lo han conseguido.

3.3.4. Retirada

El Baile Deportivo puede ser, en contraposición a otros deportes, una carrera larga. Existen categorías de edad que premian la práctica deportiva por encima de los 65 años, aunque a nivel amateur. Tras la retirada, es habitual que un deportista que ha llegado a niveles elevados tenga oportunidad de entrenar o incluso desarrollar su proyecto de escuela o club. De esta forma, el deportista pasa a ejercer otros roles dentro del deporte, como entrenador o juez, pero no se desvincula totalmente.

Por el contrario, las experiencias de retirada dentro del Baile Deportivo suelen pasar por diferentes etapas. Sin olvidar las dificultades que se puede encontrar con algún entrenador o pareja, uno de los motivos que más habitualmente puede suponer el abandono deportivo es la carrera académica. La mayoría de edad, exámenes de acceso a la universidad, bachillerato...son momentos académicos que coinciden con el paso de la categoría de edad *Youth* (16-18 años) a la categoría Sub 21 (18-21 años). Se trata del momento más exigente a nivel físico y técnico si se compite en el máximo nivel amateur AI (A Internacional). Este nivel de exigencia en varios aspectos de la vida puede hacer que un deportista decida aparcar su carrera deportiva a nivel competitivo y deje de bailar.

Es tarea de los entrenadores tener en cuenta este momento vital y ayudar a sus deportistas a organizar su agenda para poder cuadrar vida deportiva y académica. Si no es así, podemos encontrarnos con la situación no sólo del abandono deportivo, sino con la aparición del *burnout,* o síndrome del deportista quemado. La presencia de esta patología ha sido descrita en multitud de disciplinas deportivas (García-Parra, González y Garcés de los Fayos, 2016) y se define como un cansancio emocional que lleva a una pérdida de motivación y que suele progresar hacia sentimientos de inadecuación y fracaso (Maslach y Jackson, 1981). Garcés de los Fayos (1999) describió las variables predictoras que pueden explicar la aparición de este síndrome. Todas ellas parecen en la Figura 2.

Estilo negativo de dirección y de interacción por parte del entrenador

Altas demandas competitivas

Excesivas demandas de energía y tiempo

Monotonía del entrenamiento

Sentimientos del deportista de estar apartado

Carencia de refuerzos positivos

Aburrimiento

Falta de habilidades

Falta de estrategias de afrontamiento

No adaptación de las expectativas originales con los logros obtenidos

Falta de apoyo en su grupo de referencia

Intereses mercenarios de los padres

Estilo de vida externo no apropiado con el rigor exigido al deportista

---

Figura 2. Variables predictoras del *burnout* en deporte (Garcés de Los Fayos, 1999)

Los síntomas que más frecuentemente se perciben en bailarines con *burnout* son: falta de compromiso en los entrenamientos, sentimiento de víctima ante las decisiones de los jueces, sensaciones de ira y frustración y falta de confianza en el aprendizaje de nuevos gestos técnicos. Ante estas situaciones, un entrenador/a debe estar alerta y pedir ayuda a un profesional. Es posible que el deportista esté sufriendo una situación puntual, algo pasajero. Pero si no es así, y el deportista está "quemado", la rehabilitación es compleja y con elevado pronóstico de abandono.

Sin embargo, existen retiradas positivas dentro del Baile Deportivo. Parejas o deportistas que deciden, llegado un determinado momento, que la vida competitiva es incompatible con su vida personal y deben tomar una decisión. Se trata éste de un deporte exigente en el aspecto económico, personal y social, que ocupa muchas horas de la vida de sus deportistas y lo cierto es que las recompensas son escasas y habitualmente hay que buscarlas dentro, y no tanto fuera del deportista. Cuando el bailarín/a deja de sentir esa satisfacción personal, o existe algo que le hace sentirlo más, es habitualmente el momento de dejarlo. En ese momento, se puede optar por continuar practicando baile a nivel social, como una forma de seguir manteniendo el contacto con la escuela o club con el que se ha competido, o puede decidir retirarse completamente del mundo del baile. En el caso de un bailarín "quemado", es habitual esta segunda reacción, sin embargo, la mayor parte de bailarines deciden que quieren seguir bailando, aunque no exista la competición.

3.4. AGENTES DEPORTIVOS

Los agentes deportivos que intervienen de manera sustancial en este deporte son el entrenador o técnico, los jueces y los padres. Conocer sus competencias y sus conductas habituales puede ayudarnos a delimitar los roles y facilitar la comprensión del papel de los otros.

3.4.1. Entrenador/a de Baile Deportivo

La figura del entrenador en Baile Deportivo es central en el funcionamiento del este deporte. No es sólo (que ya sería importante), el monitor que forma, enseña y acompaña al deportista, sino que tiene el papel de guía o mentor. La mayor parte de ellos comparten las siguientes características:

a) Han sido bailarines en su vida deportiva, de mayor o menor nivel. En Baile Deportivo no es tan habitual como en otras disciplinas que el entrenador/a pueda formarse con el título y dirigir el entrenamiento. En este deporte, el entrenador es un modelo de ejecución, y los deportistas suelen valorar mucho los logros y la trayectoria deportiva de su mentor.
b) Son, habitualmente, jueces de competición. Este hecho es sin duda un hecho diferenciador y polémico. La estructura deportiva de esta disciplina y su incipiente desarrollo no permite que todos los jueces sean agentes diferenciados que no entrenen a ninguna pareja. Ese sería, en realidad, un paso muy importante hacia la máxima objetividad en los juicios. Sin entrar a valorar la evidente profesionalidad de los jueces y su formación, es imposible olvidar que son humanos, y por tanto es muy difícil separar su apego o su cariño hacia una u otra pareja. Además, se comprende que, si tú como entrenador has formado, dirigido y orientado a una pareja en función de tus gustos y conocimientos, esa pareja va a ser más cercana a tus preferencias que otra pareja de un nivel técnico similar. Por eso precisamente, es tan difícil separar el rol juez/entrenador.
c) Son muy cercanos a las familias de los deportistas. Las características propias del deporte, hace que entrenadores, deportistas y padres pasen mucho tiempo juntos en viajes, competiciones y entrenamientos. No existe en esta disciplina todavía la conciencia de la necesidad de que cada agente tenga su espacio de actuación: el deportista en la pista, el entrenador alrededor de la misma y los padres en la grada. En Baile Deportivo los roles y las responsabilidades se difuminan: las madres intervienen en la preparación ayudando a pintar, peinar, vestir y alimentar; los padres están a pie de pista para grabar o fotografiar a sus hijos; madres acuden a la fila previa a la salida para dar las últimas indicaciones; y los entrenadores en ocasiones no acuden ni siquiera a la competición o están juzgando y no pueden apoyar ni orientar a sus deportistas. Esta falta de claridad de rol es la fuente de muchos de los conflictos en Baile Deportivo, tanto entre el entrenador y los padres, como entre éstos y los deportistas.

Comprendiendo las características particulares de los entrenadores de esta disciplina, es cierto que dentro del Baile Deportivo se encuentran las diferentes tipologías clásicas de entrenador propuestas por Lewin en los años 30 en la investigación psicosocial (Lewin, Lippit y White, 1939; Hernández-Mendo y Cantó, 2003). Esta teoría diferencia tres tipos de líderes:

1.   Autoritario. Este tipo de líder es el que toma las decisiones acerca del desempeño y la carrera del bailarín, sin tener que justificarlas en ningún momento. Los criterios de evaluación utilizados por el líder autoritario no son conocidos por los bailarines ni por los padres y la comunicación es unidireccional: del líder al resto. Las características del líder autoritario son:

- Determinación total de las decisiones a tomar en la carrera del deportista. No consulta, ni pregunta.
- Sus decisiones han de ser acatadas sin explicación.
- Cuando existen errores de ejecución o malos resultados, la responsabilidad es siempre de la pareja o de un miembro de la misma. Nunca se atribuye la responsabilidad de los fracasos.
- Habitualmente, el locus de control ante un éxito de la pareja es interno. La pareja obtiene buenos resultados porque él como líder ha dirigido bien.
- Las técnicas y rutina de trabajo son dictadas por él o ella a través de la autoridad.
- Tiene tendencia a ser personalista en las críticas, utiliza poco el refuerzo y suele castigar (verbalmente) de forma pública con el objetivo de aleccionar al resto de compañeros.

2.   Democrático. El líder democrático suele tomar decisiones tras haber conversado con la pareja y recibe con agrado la opinión de los deportistas y sus padres. Cuando hay que resolver un problema, el líder ofrece varias alternativas entre las que la pareja debe elegir. Las características esenciales del líder democrático son:

- Todas las decisiones son asuntos de discusión entre la pareja y el entrenador y la decisión es alentada y asistida por el líder.
- Ante una situación de fracaso, el líder democrático asume su parte de responsabilidad, y ante una situación de éxito comparte la victoria con sus bailarines.
- El líder diseña los pasos generales hacia el objetivo y cuando se le demanda asistencia técnica sugiere las posibles alternativas que se pueden elegir.

- Los bailarines son libres para escoger pareja y la distribución del trabajo se deja a criterio de la pareja, si ya son maduros y tienen experiencia. En el caso de parejas jóvenes, se alienta la autonomía, en función de la edad y la experiencia.
- El líder es objetivo, esto es, se basa en los hechos, tanto en sus refuerzos como en sus críticas.

3. *Laissez Fair* o Dejar hacer. El líder adopta un papel pasivo, deja el poder en manos de la pareja y se limita a aportar el espacio de entrenamiento y las instrucciones técnicas si son requeridas. En ningún momento juzga ni evalúa si su opinión no es requerida. Las características del líder dejar hacer serían:

- Libertad completa de decisión para la pareja y cada uno de sus miembros.
- El líder aporta el material necesario para que la pareja realice la tarea que ha decidido, pero no guía ni impide.
- Ante una situación de éxito o de fracaso, el entrenador opina si se le pregunta, pero la atribución causal siempre es externa.
- Proporciona información cuando se le pide y no participa en la discusión ni en la ejecución del trabajo.
- No intenta regular ni reglar el transcurso de un entrenamiento ni el desarrollo de la carrera de unos bailarines.

De los tres tipos de entrenador, los dos más frecuentes en las pistas de baile son el autoritario y el democrático. Ambos pueden obtener buenos resultados a corto plazo, pero solo uno de ellos evita la probabilidad de *burnout* y abandono: el líder democrático. Los bailarines con un entrenador democrático están preparados para asumir las críticas y las decisiones de los jueces, aprender a tomar decisiones por sí mismos, convierten a la pareja en un verdadero equipo deportivo y sienten que tienen responsabilidad en sus éxitos y en sus fracasos.

Para entender la conducta del entrenador y sus consecuencias, uno de los modelos teóricos más utilizados ha sido el Modelo Multidimensional de liderazgo de Chelladurai (1990). Este modelo plantea que el liderazgo es un proceso de interacción entre las características de una situación, del líder y de los miembros de la pareja. Por lo tanto, el liderazgo que es efectivo es aquel que tiene en cuenta las tres variables. (Figura 3).

Este modelo plantea tres aspectos de la conducta del entrenador:

a) La conducta requerida del líder: es la conducta que se espera que lleve a cabo el entrenador de Baile Deportivo.
b) La conducta real del líder: es la conducta que el entrenador realiza. Esta conducta es la que perciben los deportistas de su entrenador. Es habitual que no coincida lo que perciben los deportistas con lo que el entrenador percibe de sí mismo.
c) La conducta preferida del líder: hace referencia a las preferencias de los deportistas y está en función de las características de la situación y de los deportistas.

El planteamiento más importante del modelo de Chelladurai es que los tres aspectos de la conducta del líder deben ser similares y eso se relacionará de forma positiva con el rendimiento y la satisfacción de los miembros de la pareja. Es decir, cualquier entrenador si quiere ser efectivo debe intentar adecuar su conducta real a las preferencias de los deportistas y a lo que necesite la situación.

La interacción de los tres antecedentes con los de la conducta del líder ofrece como resultado las consecuencias del liderazgo. Chelladurai considera al rendimiento y a la satisfacción como las dos consecuencias más importantes del liderazgo ejercido. El rendimiento se puede medir de diversas formas (resultados, posición, ranking…), mientras que la satisfacción se refiere al grado de aprobación de los deportistas de los distintos aspectos del liderazgo y de los resultados obtenidos por la pareja en un período de tiempo determinado. Según Chelladurai (1984), el grado de satisfacción de los deportistas es mayor cuando los entrenadores muestran conductas de feedback positivo, apoyo social, instrucción técnica y conducta democrática.

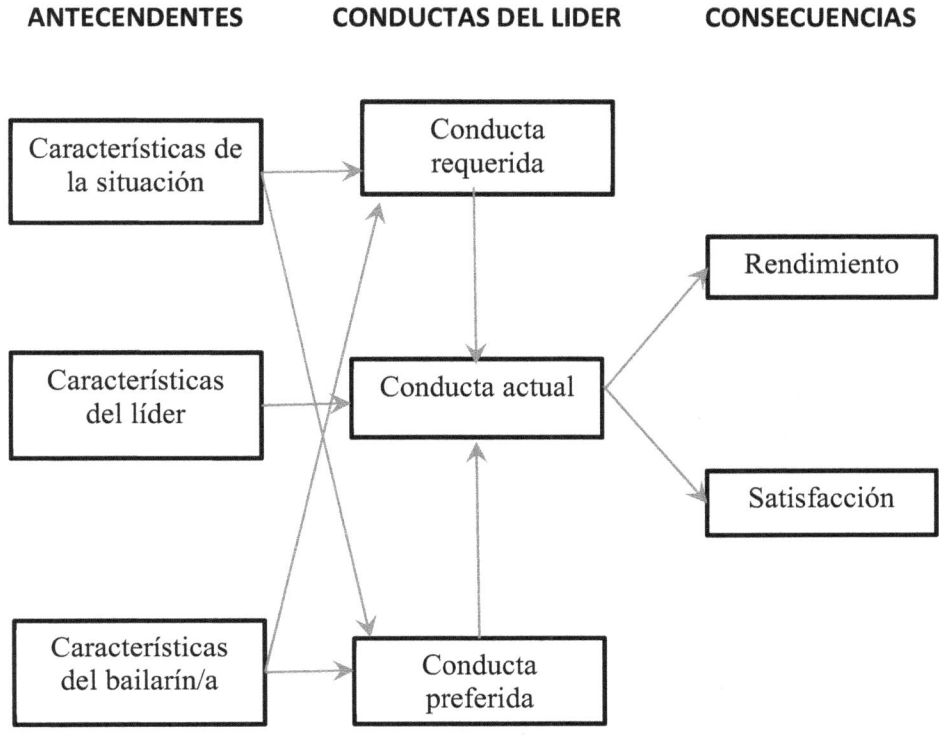

Figura 3. Modelo Multidimensional del Liderazgo (Chelladurai, 1990)

Es evidente que en Baile Deportivo encontramos entrenadores con mucha necesidad de formación. Una de las más importantes carencias es la falta de asesoramiento en estilos de comunicación y liderazgo. Los entrenadores conocen la técnica a la perfección y dominan el manual ómnibus (pasos de Baile Deportivo), pero ¿saben entrenar? ¿conocen las consecuencias que puede tener un estilo de entrenamiento y otro?. El papel del profesional de la psicología es aquí imprescindible, ya que sea de forma directa con los deportistas o de forma indirecta a través del entrenador.

3.4.2. Jueces

Dentro de los agentes deportivos el árbitro o juez siempre es el gran olvidado. El resto de participantes en una disciplina deportiva suelen criticarlo, mientras que la ciencia se olvida de su importante papel en el transcurso de una competición deportiva. En Baile Deportivo el juez desempeña un papel importantísimo: decide con sus puntuaciones y valoraciones que pareja reúne mejores condiciones técnicas, físicas y artísticas para superar una ronda o superar a otra pareja rival en pista.

La reglamentación supone que los requisitos para ser juez de Baile Deportivo son realizar un curso y aprobar un examen. No es requisito indispensable haber bailado ni entrenado, de la misma forma que en cualquier otra disciplina deportiva. La Federación Española prohíbe ser deportista en activo y juez, pero no ser técnico (entrenador) y juzgar. Habitualmente el panel de jueces en una competición son 7 para las categorías A-Internacional, A-Nacional y B-Nacional y 5 jueces para el resto de categorías. La normativa no permite que un juez extranjero dé clases a una pareja que baila en la competición que juzga y además un juez deberá retirarse del panel *"cuando alguno de los deportistas que toman parte en esa competición es miembro de la familia inmediata o extensa del juez, incluyendo las relaciones de hecho o cualquier relación personal del juez con alguno de los competidores por la cual resulte inapropiada su actuación como juez"* (FEBD, 2017).

Todas estas normas tienen su evidente origen en las suspicacias que genera una valoración subjetiva. Como ya se ha comentado, el papel del juez en Baile Deportivo está basado en tres aspectos: la experiencia, la objetividad y la formación. Los aspectos psicológicos del juicio en Baile Deportivo se relacionan con la variable clave del manejo de la percepción y la atención a estímulos relevantes. La decisión de los jueces en Baile Deportivo es diferente en función de la modalidad de juicio:

- En la modalidad de juicio clásica, los jueces tomaban una decisión por comparación asignando cruces en las rondas previas, y unas categorías ordenadas (del 1 al 6 habitualmente) en las finales de una competición. Esta modalidad de juicio es la que sigue aplicándose en la mayoría de competiciones nacionales y campeonatos de España, excepto en categoría *Youth* y Adulto I.

- En la nueva modalidad de juicio 2.1 los jueces deben puntuar en 4 aspectos: cualidades técnicas, adaptación del movimiento a la música, habilidad de coordinación; y coreografía y presentación. La normativa internacional de la WDSF marca que deben existir tres jueces por criterio, por lo tanto, un total de 12 jueces. Cada criterio tiene marcado unos requisitos que valorar en cada baile y los jueces deben asignarle una puntuación entre 1 (muy pobre) y 10 (excepcional). Además, este sistema de juicio obliga a realizar 2 de los bailes en modalidad *Solo Dance,* es decir, la pareja baila sola en pista, sin interacción del resto de participantes.

Esta segunda modalidad persigue conseguir la máxima objetividad posible dentro de un sistema de juicio, marcando unos criterios claros y asignando un solo criterio de valoración a cada juez. Además, de esta forma el juez no compara a las parejas, sino que asigna puntuaciones que pueden repetirse para parejas con niveles muy equiparables. Esto ayuda a la ejecución perceptiva de los jueces, que no han de valorar y a la vez ordenar a las parejas en pista.

Comprender el papel y las tareas de los jueces es básico para poder aceptar sus decisiones y aprender de los resultados obtenidos. Es tarea de los entrenadores y padres mantener un discurso de aceptación y de respeto ante las decisiones de los jueces, sin caer en victimismos ni en planteamientos simplistas.

3.4.3. Padres

En todos los ámbitos deportivos, los padres (padres y madres) han adquirido un papel central y cada vez más en el foco de atención de los medios de comunicación. En Baile Deportivo su papel es esencial a todos los niveles, y sin su apoyo el desarrollo de una carrera en este deporte es prácticamente imposible.

Según Smoll (1986), existen cinco tipos de padres en el deporte, en función de la forma de comportarse de los padres mientras los hijos compiten. Estos tipos, adaptados a Baile Deportivo, son:

1. Padres entrenadores a pie de pista. Son aquellos que entienden o creen entender sobre Baile Deportivo, sobre pasos, ritmo o energía. Realizan frecuentes sugerencias a los deportistas e

instrucciones técnicas, que pueden contradecir al entrenador y generar desorganización en la estructura interna de la pareja.
2. Padres excesivamente críticos. Son aquellos que nunca están satisfechos con la actuación de su hijo o de la pareja. Suelen reprenderlos y regañarlos, enfocando la práctica deportiva como algo más suyo que del propio hijo. Suelen tener expectativas y objetivos poco realistas respecto a la progresión deportiva de sus hijos. Son aquellos padres que nunca refuerzan y que ante un éxito solo persiguen la consecución de otro mayor.
3. Padres vociferantes. Son aquellos padres que suelen colocarse muy próximos a la pista y actúan gritando y arengando fuertemente a su pareja. En definitiva, son aquellos que no logran contenerse en la grada y continuamente manifiestan sus pensamientos en voz alta y gritando. Así como en otros deportes es tristemente habitual que este tipo de padres se dirija de forma insultante al árbitro, entrenador o a rivales, en Baile Deportivo estas críticas raramente son públicas. Los comentarios sobre otras parejas o jueces si se realizan, suelen hacerse de forma discreta y en pequeño grupo.
4. Padres sobreprotectores. Hacen referencia a aquellos que presentan una exagerada preocupación por los riesgos que comporta el deporte que practican sus hijos. Este perfil en Baile Deportivo no se refiere tanto a una sobreprotección física, sino a una clara protección emocional. Habitualmente justifican sus errores impidiendo su aprendizaje, culpan al otro miembro de la pareja de un mal resultado o cambian constantemente de entrenador porque considera que su hijo o hija no es valorado de forma suficiente en la escuela en la que está.
5. Padres desinteresados. Fundamentalmente se caracterizan por no reconocer el valor que el deporte tiene en la educación y el desarrollo de sus hijos. Nunca acompañan ni asisten a las competiciones ni a entrenamientos. En definitiva, no se preocupan por el desarrollo de la actividad deportiva. En Baile Deportivo, esta tipología de padres es poco frecuente, ya que este deporte necesita un apoyo a nivel económico y funcional (traslados, maquillaje, vestuario, ect...). El bailarín que tiene padres desinteresados habitualmente tiene una figura que lo suple, que suele ser la madre o el padre de su pareja de baile.

6. **Padres facilitadores.** Finalmente, en todos los deportes existen padres que sí facilitan la vida deportiva de sus hijos, les permiten desarrollarse, respetan las decisiones del entrenador y animan en las competiciones.

Aunque esta última sea la tipología de padre que mejor futuro augura a un bailarín, no significa que estos padres sean meros espectadores. En esta disciplina, los padres y las madres se deben involucrar de una manera especial: cosen, pintan, maquillan, trasladan, ven videos, pasan fines de semana fuera de casa acompañándoles, llevan comida, frutos secos y líquidos en la maleta, median entre los conflictos de la pareja…En definitiva, asumen más responsabilidades que en otros deportes ya que la estructura de la disciplina no está tan estructurada. Estas funciones son habitualmente asumidas con agrado por ellos, ya que, desde el principio de la carrera de un bailarín, perciben que esa actividad va a ser más que un deporte para él o ella, va a tener una gran influencia en su desarrollo. Pero en ocasiones, y sobre todo cuando el deportista llega a una cierta edad, el apoyo personal de los padres es relegado a un segundo plano y los padres perciben que se convierten en espectadores/pagadores de ese espectáculo. Comprender este proceso de cambio y de madurez es esencial para evitar las consecuencias de la llegada de la adolescencia tiene en ese deporte, donde la figura paterna y materna es desplazada y el entrenador/a siempre es más importante.

Como se ha demostrado en este capítulo, el Baile Deportivo tiene variables psicológicas específicas que hacen necesario realizar un trabajo diseñado y pensado para esta disciplina en particular. Por ello, en el siguiente capítulo, se describen las técnicas habitualmente utilizadas en esta disciplina con recursos prácticos y aplicados para el entrenamiento psicológico en Baile Deportivo.

REFERENCIAS

Čačković, L., Barić, R., y Vlašić, J. (2012). Psychological stress in dancesport. *Acta Kinesiologica, 6(2)*, 71-74.

Cabezas, M. M., Córdoba, E. P., Manzano, J. M. G., Benítez, M. A. G., Loquiño, J. E. S., y Martín, M. V. (2003). Planificación psicológica de la cantera del Sevilla FCSAD: organización, funcionamiento y programa deportivo-formativo. *Cuadernos de Psicología del Deporte*, 3(2), 17-30.

Cantón, E. y Checa, I. (2011). Intervención psicológica en natación en aguas abiertas. En Arbinaga y Caracuel (Eds.) *Intervención psicológica en deportes minoritarios,* Publisher: Psimática, pp.277-304

Cantón, E., y Checa, I. (2011). Entrenamiento psicológico en Baile Deportivo y de competición. *Revista de Psicología del Deporte*, 20(2), 479-490.

Cantón, E., y Checa, I. (2012). Measure of Psychological Variables in Dancers Sport. *Universitas Psychologica*, 11(3), 921-929.

Cantón, E. (2016). La especialidad profesional en psicología del deporte. *Revista de Psicología Aplicada al Deporte y al Ejercicio Físico, 1* (e2), 1-12. https://doi.org/10.5093/rpadef2016a2

Chamarro, A., Martos, V., Parrado, E., y Oberst, U. (2011). Aspectos psicológicos del baile: Una aproximación desde el enfoque de la pasión. *Aloma: Revista de Psicologia, Ciències de l'Educació i de l'Esport*, 29, 341-350.

Chelladurai, P. (1990). Leadership in sport: A review. *International Journal of Sport Psychology, 21*, 328-354.

Federación Española de Baile Deportivo (2015). Código básico de competición y anexos obligatorios. En www.febd.es. Recuperado el 09/04/2017.

Garcés de Los Fayos, E.J. (1999). *Burnout en deportistas: Un estudio de la influencia de variables de personalidad, sociodemográficas y deportivas en el síndrome.* Tesis Doctoral no publicada. Murcia: Universidad de Murcia.

García-Garay, M. (2016). Apoyo a la Autonomía, satisfacción de Necesidades Psicológicas Básicas, Motivación Autodeterminada y Bienestar en bailarines adolescentes de una escuela de danza. *Informació Psicològica, 112*, 29-43.

García-Naviera Vaamonde, A., y Jerez Villanueva, P. (2012). Departamento de psicología del club Atlético de Madrid: filosofía, programación y desempeño profesional en el fútbol base. *Cuadernos de Psicología del Deporte*, *12*(1), 111-120.

García-Parra, N., González, J. y Garcés de Los Fayos, E. (2016). Estado actual del estudio del síndrome de burnout en el deporte. *Cuadernos de Psicología del Deporte, 16*(2), 21-28.

González, J., y de los Fayos, E. G. (2009). Plan de entrenamiento psicológico en el deporte de la petanca: en búsqueda del rendimiento grupal óptimo. *Revista de psicología del deporte*, *18*(1), 87-104.

Hanrahan, S. J. (1996). Dancers perceptions of psychological skills. *Revista de Psicología del Deporte, 9-10*, 19-27.

Hernández-Mendo, A. y Canto, J. M. (2003). El liderazgo en los grupos deportivos. En Hernández-Mendo, A. (Coord.), *Psicología del deporte (vol. I): Fundamentos 2* (pp. 6-28). Buenos Aires: Tulio Guterman.

Maslach, C. y Jackson, S.E. (1981). *M.B.I.: Maslach Burnout Inventory. Manual.* Palo Alto: University of California, Consulting Psychologists Press.

Riera, J. (1985). *Introducción a la psicología del deporte.* Barcelona: Martínez Roca.

Tremayne, P. y Ballinger, D. (2008). Performance enhancement for ballroom dancers: psychological perspectives. *The Sport Psychologist, 22*, 90-108.

Winkelhuis, M. (2011). *Dance to Your Maximum: The Competitive Ballroom Dancer's Workbook.* London: DanceSport International.

Winkelhuis, M. (2015). *Dance without stress: 100 smart stress rescues for competition dancers.* London: DanceSport International.

World DanceSport Federation, (2017). www.worlddancesport.org. Recuperado el 09/04/2017.

Capítulo 4
Preparación psicológica en Baile Deportivo

En el capítulo anterior se llevó a cabo un recorrido por las necesidades psicológicas más importantes dentro del Baile Deportivo y se resaltó la importancia de su trabajo específico. En este capítulo se describen de modo muy aplicado las técnicas más usadas en Baile Deportivo divididas en tres momentos temporales: antes de la competición, durante la competición y después de la competición.

4.1. PRE-COMPETICIÓN

4.1.1. Establecimiento de objetivos

Es evidente que los bailarines buscan mejorar su nivel, están acostumbrados a proponerse objetivos y trabajar para alcanzarlos. Lo hacen diariamente de forma individual, con su pareja y con su entrenador. La cuestión radica en que enfoquen estas metas de forma adecuada para poder aprovechar todos sus beneficios.

¿Para qué sirve? Concentra y dirige las acciones de los bailarines, impulsa la producción de esfuerzo y la perseverancia, fomenta la búsqueda de nuevos modos de mejorar el rendimiento e influye favorablemente en otros aspectos como: motivación, autoconfianza, nivel de activación, control del estrés, atención, concentración, cohesión de equipo y comunicación.

Tipos de objetivos:

En general, los psicólogos diferencian entre metas de resultado y metas de rendimiento.

- De **resultado**. Se centran en el producto o consecuencia final de una competición. El logro de estas metas no depende solamente de los esfuerzos del bailarín o pareja. Influyen aspectos como la valía de otras parejas, la política de los miembros del jurado y otras circunstancias. Una pareja puede haber hecho el mejor baile de su vida y aun así perder.

- De **rendimiento**. Se centran en lograr mejoras de la competición comparándola con las ejecuciones propias anteriores. Son más flexibles y están bajo el control del bailarín. Están asociadas a una menor ansiedad y a un nivel superior en competiciones y entrenamientos.

Para organizar los objetivos en danza seguiremos la clasificación de Taylor y Taylor (2008), de más general a más específico:

- Objetivos a **largo plazo**. Sueños, lo que el bailarín quiere llegar a conseguir en su carrera deportiva.
- Objetivos de **temporada**. Metas relacionadas con la temporada presente.
- Objetivos **de competición**. Lo que quiere conseguir en relación en competiciones concretas de la temporada.
- Objetivos de **entrenamiento**. Aquello que necesita hacer para alcanzar sus objetivos (a nivel físico, técnico, mental y de estilo de vida)

Características de un **Smart Objetive = Objetivo Inteligente**:

- **Specific**: específico, concreto.
- **Measurable:** se puede medir, es evaluable.
- **Attainable**: alcanzable, en equilibrio entre dificultad y habilidad.
- **Relevant**: pertinente, que vale la pena.
- **Timely**: acotado en el tiempo, progresivo.

Consideramos importante tener en cuenta dos características más:

- Autodeterminado: favorece el compromiso individual.
- Orientado a la acción: acompañado por una estrategia de logro.

PASO A PASO

a. AUTOCONOCIMIENTO.

Ejercicio 1. Indica tus puntos fuertes y débiles en las cuatro áreas: a) Características físicas (fuerza, flexibilidad, resistencia...), b) Características mentales (motivación, confianza, intensidad, concentración...), c) Características técnicas y d) De estilo de vida (sueño, dieta, escuela, relaciones sociales...).

Tabla 1. Puntos fuertes y débiles para el establecimiento de objetivos.

ÁREA	PUNTOS FUERTES	PUNTOS DÉBILES
FÍSICA		
MENTAL		
TÉCNICA		
ESTILO DE VIDA		

b. IDENTIFICACIÓN DE METAS

Ejercicio 2. Establece tus objetivos a largo plazo, de temporada y de competición.

Tabla 2. Identificación de objetivos.

Objetivos a largo plazo:
Objetivos de temporada (este año):
Objetivos de competición:

c. ORGANIZACIÓN DE OBJETIVOS

Ejercicio 3. Desglosa uno de tus objetivos de competición en una serie de objetivos intermedios (de entrenamiento). Ahora ordénalos para que la consecución del primero te facilite el camino hacia el segundo y así hasta llegar a tu objetivo de competición. Establece varios objetivos de entrenamiento y de estilo de vida que te permitan alcanzar los objetivos de competición. Especifica la estrategia (método) que vas a seguir para alcanzarlos (frecuencia, lugar, grado de flexibilidad, periodo de tiempo…). Encadenar los objetivos te ayudará a que la motivación no decaiga.

Tabla 3. Objetivos de competición y método.

OBJETIVO DE COMPETICIÓN:
Objetivo de entrenamiento 1:
Método:
Aspectos a mi favor:
Posibles dificultades:
Objetivo de entrenamiento 2:
Método:
Aspectos a mi favor:
Posibles dificultades:
Objetivo de entrenamiento 3:
Método:
Aspectos a mi favor:
Posibles dificultades:

Aspectos importantes en el establecimiento de objetivos.

- Es necesario que tengas un nivel de compromiso elevado hacia cada objetivo.

- Microobjetivos. Establece objetivos diarios específicos que te ayuden a planificar mejor los entrenamientos y mantener el foco en el progreso.

- Autoaceptación. En lugar de centrarte en el logro absoluto de los objetivos, debes enfocarte en el grado de consecución obtenido. Si no logras alcanzar tu objetivo por completo, ¿hasta qué punto serías capaz de aceptarlo como un éxito?

- Reajuste de objetivos. Revisa regularmente el progreso durante la temporada y modifica los objetivos para ajustarlos a las necesidades e imprevistos.

- Este método se debe realizar de forma individual y posteriormente de forma conjunta con tu pareja y entrenadores, estableciendo metas comunes y estrategias para alcanzarlos. Ten en cuenta las características personales y contextuales.

4.1.2. Activación

En el momento de la competición, la activación es el factor de éxito más importante. Si el cuerpo no está bien preparado el bailarín no rendirá al máximo, aunque su confianza, motivación y técnica sean elevadas. La activación es el nivel de actividad fisiológica experimentado.

No existe un nivel de activación ideal para todos los bailarines. Cuando el nivel de activación resulta excesivo o escaso, se producirá una disminución de rendimiento debido a la incapacidad para procesar adecuadamente la información o para tomar las decisiones correctas y ejecutar con precisión la tarea.

Un exceso de activación se relaciona con: las exigencias de la situación, los recursos individuales disponibles, las consecuencias, el significado que se le da a esas consecuencias, reconocer reacciones corporales, falta de familiaridad con la situación, acontecimientos inesperados y preocupaciones sobre aspectos incontrolables. Una activación baja se relaciona con: exceso de confianza, pérdida de motivación, cansancio y aburrimiento.

Se manifiesta en síntomas físicos y psicológicos, algunos obvios y otros sutiles. Pueden influir de forma positiva o negativa, dependiendo de la respuesta del bailarín.

Tabla 4. Síntomas de activación alta y baja.

SÍNTOMAS ACTIVACIÓN ALTA	SÍNTOMAS ACTIVACIÓN BAJA
Tensión muscular	Letargo y poca energía
Sudor en las manos	Falta de interés, expectativas o entusiasmo
Sensación de agobio	
Tensión general	Ausencia de atención y concentración
Temblores	Divagación de la mente
Palpitaciones	Sensación de manos calientes
Respiración agitada	Sensación de pesadez en las piernas
Discursos negativos	Movimientos lentos
Pérdida de coordinación	Distensión muscular
Sentimientos de temor	Respiración pausada
	Sensación general de tranquilidad

    La influencia del estrés sobre el rendimiento se produce a través del nivel de activación en general. El estrés proporciona al bailarín energía para llevar a cabo su performance. El estrés asociado a emociones como la ansiedad o el enfado suelen propiciar una activación negativa. La activación positiva está asociada a la satisfacción y a la alegría por el éxito y sus consecuencias.

El nivel de activación óptimo:

    La relación entre la calidad de una ejecución y el nivel de activación de un bailarín se puede explicar mediante la clásica teoría de la U invertida de Yerkes-Dodson (1908). Niveles de activación extremos, tanto los altos como los bajos, determinan los puntos más bajos de rendimiento del bailarín. Una competición óptima requiere un nivel moderado.

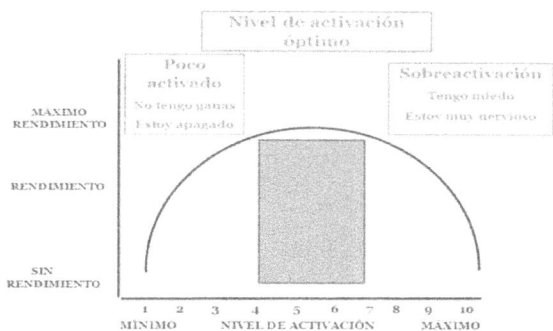

Figura 1. Ley de Yerkes-Dodson (1908).

PASO A PASO

A. AUTOCONOCIMIENTO.

Ejercicio 1. Identifica tu nivel de activación óptimo recordando competiciones pasadas. Recopila los vídeos de tus últimas competiciones y entrenamientos. Indica las situaciones y los factores personales relacionados con tus mejores y tus peores competiciones.

Tabla 5. Nivel de activación óptimo.

Factor	Las mejores competiciones	Las peores competiciones
Lugar de competición		
Coreografía		
Nivel de rendimiento		
Pensamientos		
Emociones		
Estado físico		
Factores positivos de la competición:		
Factores negativos de la competición:		

Ejercicio 2. Registro de activación. Durante las próximas semanas, señala los síntomas más relevantes de activación alta o baja y atribuye un valor numérico a la intensidad de la activación (0-10). Hazlo después de los entrenamientos, clases y competiciones. Busca la asociación entre los distintos grados de activación y los niveles de rendimiento en las situaciones registradas.

Tabla 6. Registro de activación.

Fecha	Situación	Síntomas	Activación (0-10)

B. REDUCIR/INCREMENTAR EL EXCESO DE INTENSIDAD

Ejercicio 3. Presentamos una serie de recursos sencillos que puedes llevar a cabo si detectas que tu activación no es la idónea.

Tabla 7. Estrategias para regular la activación.

Reduce tu exceso de activación:	**Incrementa tu activación:**
Alimenta la confianza en ti mismo. Practica el discurso positivo. Evalúa la competición racionalmente. Familiarízate con las situaciones nuevas. Programa situaciones estresantes durante los entrenamientos. Baja el ritmo, tómate tiempo. Concéntrate en lo que puedes controlar. Respira con inhalaciones lentas y profundas. ¡Sonríe!	Intensifica el ritmo respiratorio Energízate saltando y moviéndote. Detén los pensamientos negativos. Emplea pensamientos y discursos muy energéticos y positivos. Escucha música energizante. Usa visualizaciones motivadoras. Céntrate en tu rutina precompetitiva.

C. RELAJACIÓN PROGRESIVA. REDUCIR EL EXCESO DE ACTIVACIÓN

Si después de practicar los ejercicios anteriores sigues necesitando rebajar tu nivel de activación, puedes practicar la técnica de Relajación Progresiva (Jacobson, 1938).

Sus objetivos principales son: a) aprender a identificar las sensaciones de tensión del organismo; b) aprender a identificar sensaciones de relajación por contraste con la tensión; y c) utilizar la tensión como punto de partida para lograr la relajación.

Para aprender a relajarte, es importante mantener una actitud de atención pasiva: no exigirte relajarte, y no tener prisa. Al empezar, debes practicar en un lugar silencioso, con temperatura agradable y con una posición corporal cómoda: tumbado o sentado en un sillón.

Esta técnica consta de dos fases:

En la **primera fase**, aprenderás a discriminar cuándo un músculo esta tenso y cuándo está relajado. Debes seguir un orden y trabajar todos los grupos musculares. Tensa durante 3 o 4 segundos cada músculo, después relájalo y céntrate en las diferentes sensaciones experimentadas.

Veamos un ejemplo: Tensa una mano apretando el puño. Centra tu atención en la sensación de tensión durante 10 segundos. Después suelta esos músculos, relájalos y centra tu atención en la diferencia que notas entre la tensión que tenían antes y cómo los sientes ahora. Intenta relajar un poco más. Imagina que pesan y se van relajando, cada vez más.

A continuación, debes hacer lo mismo con cada uno de los grupos musculares, de uno en uno:

- Antebrazo, dobla un brazo por el codo y aprieta el antebrazo contra el brazo.

- Brazo, pon un brazo recto, con la mano suelta y estirada hacia delante.

- Hombro, levántalo hacia arriba.

- Parte posterior del cuello, aprieta la barbilla contra el pecho.

- Nuca, aprieta contra el sillón o la superficie en que reposa.

- Frente y cuero cabelludo, alza las cejas hacia arriba y arruga la frente.
- Ojos, aprieta los párpados.
- Boca, ábrela lo más posible, y frunce después los labios.
- Mandíbulas, aprieta los dientes.
- Lengua y parte interna del cuello, aprieta la punta de la lengua contra el paladar.
- Espalda, apriétala contra el suelo.
- Pecho, inspira por la nariz, mantenlo y expira lentamente por la boca.
- Abdomen, empuja hacia fuera los músculos abdominales.
- Nalgas, ténsalas y empuja un poco hacia arriba junto con las caderas.
- Muslos, extendiendo las piernas, levántalas y estíralas hacia fuera.
- Pantorrillas, extendiendo las piernas, endereza y tensa los dedos de los pies.
- Pies, curva los dedos hacia abajo y después hacia arriba.

En **una segunda fase**, céntrate en prestar atención a tu cuerpo e ir relajando cualquier tensión que detectes en él. Para ello revisa mentalmente cada zona o grupo muscular.

Una vez consigas realizar la técnica tumbado o recostado, conviene que te acostumbres a relajarte sentado y poco a poco en diferentes lugares y situaciones. El objetivo final del entrenamiento en relajación progresiva es adquirir la habilidad de controlar tu estado de activación a voluntad, para lo que puedes utilizar una señal que te sirva como estímulo, por ejemplo, una respiración profunda.

Es necesario practicar esta secuencia a diario, buscando un instante de calma y soledad para favorecer una adecuada relajación muscular con la cual conectar con la mente para calmarla, relajarla y tomar conciencia de tu aquí y ahora. Así, la relajación muscular progresiva funciona y puede convertirse en tu mejor estrategia para hacer frente a cualquier situación de estrés.

4.1.3. Control del pensamiento

Los estudios en Psicología del Deporte han puesto de manifiesto la relación entre el modo en que los deportistas piensan o interpretan la realidad y los efectos sobre el rendimiento. Una orientación mental positiva fomenta un estado preparatorio más adaptativo para el rendimiento.

La enorme exigencia en el mundo del Baile Deportivo lleva a menudo a desarrollar un auto-diálogo especialmente crítico y negativo, que nos recrimina constantemente lo que no hacemos bien y que anticipa resultados poco alentadores. Entrenar y planificar los pensamientos positivos puede ser muy beneficioso para la competición y para los meses de entrenamiento previo.

¿Para qué sirve el control de pensamiento?

El control de pensamiento mejora la concentración, la confianza, la motivación, regula los niveles de activación, la atención, mejora la preparación mental, rompe malos hábitos, prepara para la acción inmediata, sostiene el esfuerzo, ayuda a adquirir conductas eficaces y a afrontar situaciones estresantes.

Es importante **establecer patrones adaptativos de pensamiento** y extinguir los no deseados o perjudiciales para el rendimiento porque las consecuencias derivadas de la interpretación de la situación conllevan un esfuerzo que consolidará, para bien o para mal, un comportamiento determinado. Conozcamos el proceso mediante el que analizamos la información y respondemos a ella:

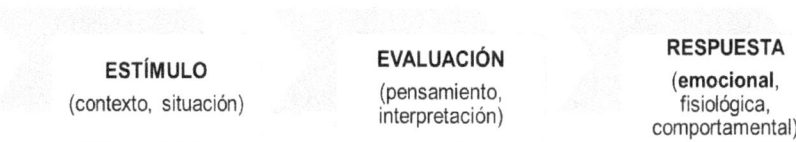

Figura 2. Proceso de análisis de información.

Tipos de autodiálogo:

- **Positivo**. Se enfoca en el aumento de la energía, el esfuerzo y una actitud positiva. Ejemplo: "puedo hacerlo", "soy el mejor". Existen diferentes tipos de autodiálogo positivo que pueden mejorar la ejecución, el que más nos interesa es el *Instruccional*. Éste se focaliza en los aspectos técnicos o relacionados con la tarea con el fin de mejorar su ejecución. Ejemplo: "mantén tus ojos en la pareja", "no flexiones las rodillas". Los efectos del pensamiento instruccional son más grandes ya que pueden ejercer una influencia más directa sobre la tarea.
- **Negativo**. Es crítico y disminuye la autoestima, influye en la forma en que la persona logra sus objetivos, es contraproducente y provoca ansiedad. Alimenta las dudas en uno mismo.

Sesgos negativos. Se refieren a interpretaciones distorsionadas de la realidad. Los más habituales en el Baile Deportivo están relacionados con la atención, la memoria y la percepción.

- Sobregeneralización: "Seguro que cuando llegue a ese salto me equivocaré"
- Falacia de control interno: "No puedo defraudar a los que esperan mucho de mí"
- Interpretación del pensamiento: "Lo he hecho fatal, pensarán que no sirvo"
- Descalificación de lo positivo: "Creen que he tocado bien pero no tienen ni idea"
- Culpabilidad: "La culpa es de ese juez"
- Pensamiento todo o nada: "Si no lo llevo perfecto, mejor no actúo"
- Anticipación catastrófica: "Voy a equivocarme en la última ronda"

Perfeccionamiento rígido. Obsesionarse por la perfección absoluta no suele dar los mejores resultados artísticos. Los grandes bailarines no se centran en evitar errores, buscan la excelencia a través de la conexión con la pareja y el público.

PASO A PASO

A. AUTOCONOCIMIENTO.

Ejercicio 1. Escuchar tus pensamientos automáticos es el primer paso para controlar el estrés y las emociones desagradables. Un buen procedimiento para identificarlos es llevar un diario de pensamientos. Escribe durante unos días todos los pensamientos negativos relacionados con tus entrenamientos o con la competición. Incluye en el registro aspectos como la situación en la que se ha producido, el tipo de emoción o el comportamiento posterior.

Los pensamientos negativos suelen tener las siguientes características: son concretos y específicos, se cree en ellos, aunque sean irracionales, parecen espontáneos, se formulan como obligación o deber, tienden a ser dramáticos, son particulares de cada persona, son difíciles de "quitar de la cabeza" y son aprendidos.

Tabla 8. Pensamientos automáticos.

Pensamiento negativo	Situación	Cómo te sientes	Cómo afecta a tu comportamiento

Ejercicio 2. Vuelve al ejercicio 1, lee tu lista de pensamientos negativos e intenta desmontarlos desde tu parte más racional. Comprueba si alguno encaja en los sesgos más comunes en contextos interpretativos explicadas anteriormente.

B. DETENER EL PENSAMIENTO.

Ejercicio 3. Una de las formas de enfrentarse a los pensamientos negativos es detenerlos antes de que disminuyan el rendimiento. Para ello, primero debes centrarte brevemente en ese pensamiento. Después utiliza una pista o disparador para detenerlo y limpiar la mente. Puede ser una palabra simple como "alto", chasquear los dedos o golpearte el muslo.

C. CAMBIAR EL AUTODIÁLOGO NEGATIVO POR EL CONSTRUCTIVO.

Ejercicio 4. Crea una ficha con autodiálogo negativo en una columna y su correspondiente autodiálogo positivo en la otra. Identifica el tipo de sesgo y sustituye cada pensamiento negativo por otro más útil, sano y positivo.

Puedes ayudarte de las pautas para la creación del autodiálogo constructivo: frases cortas y específicas, utiliza la primera persona y el tiempo presente, construye frases positivas, decide las frases con intención y atención, háblate con amabilidad y repite las frases con frecuencia.

Tabla 9. Registro de autodiálogo.

Pensamiento negativo	Tipo de distorsión	Ajuste constructivo

D. AUTOINSTRUCCIONES.

Ejercicio 5. Sustituye los pensamientos hipercríticos por instrucciones, frases o consejos que darte a ti mismo. Ten en cuenta las diferentes finalidades u objetivos que puedes perseguir.

Tabla 10. Autoinstrucciones.

Pensamiento que baja mi rendimiento	Objetivo:	Mi auto-instrucción:
	Tranquilizarme	
	Controlar mi activación	
	Evaluarme de forma racional	
	Reforzarme	
	Controlar una conducta impulsiva haciéndola más consciente	

A través de la práctica continuada el bailarín puede transformar su voz crítica en un estímulo para la acción. Perseverar con este procedimiento hará que se automatice el mecanismo que se encarga de sustituir los pensamientos negativos por un planteamiento más racional y positivo.

4.1.4. Visualización

Se refiere a la creación o recreación mental de una experiencia similar a la sensorial, pero en ausencia de estimulación externa (Vealey, 1986), imaginando situaciones en que se ponen en práctica las distintas habilidades, con objeto de mejorar algún aspecto de la ejecución real a nivel técnico, psicológico o fisiológico.

Es especialmente útil en deportes que se desarrollan siempre en las mismas situaciones y con secuencias de conductas semejantes, como es el caso del Baile Deportivo. Los bailarines deben desarrollar e implementar un programa sistemático que incorpore las visualizaciones a las clases y a los entrenamientos, a la preparación para antes de la competición y al entrenamiento fuera del estudio.

¿Para qué sirve la visualización?

Esta técnica mejora la concentración, la motivación, la confianza, el aprendizaje de nuevas habilidades motoras, recrea experiencias positivas previas, prepara para la competición, controla las respuestas emocionales y el miedo escénico y ayuda en la recuperación de lesiones.

Podemos utilizar la visualización antes y después de los entrenamientos y las competiciones, durante los descansos, a solas en casa o durante la recuperación de una lesión.

La perspectiva de la visualización:

En la **perspectiva externa** los bailarines se imaginan la competición desde fuera de su cuerpo, como si vieran la competición en vídeo. Puede dar mejores resultados cuando los bailarines están aprendiendo pasos nuevos. En la **perspectiva interna** los bailarines se imaginan la competición desde su mirada, como si estuvieran actuando de verdad.

Claves para el uso efectivo de la visualización.

1. REALISMO. Se deben utilizar todos los sentidos para que la imagen sea lo más realista y detallada posible (instalaciones, tipo de superficie, cercanía de los espectadores...) Del mismo modo, experimentar las emociones y los pensamientos de la competición real (ansiedad, concentración, frustración, activación...).

2. CONTROL. Aprender a manipular las visualizaciones para que hagan lo que queremos que hagan. Aunque parece demostrado que el empleo de la imaginería positiva puede ser más beneficiosa para la práctica deportiva, esto no significa que tengamos que eliminar las imágenes negativas en ciertos momentos de los entrenamientos (Hall, Schmidt, Durand y Buckolz, 1994).

¿Qué hacer ante un error "imaginado"? En las primeras fases de un programa de visualizaciones los bailarines tendrán que luchar contra un control de imágenes pobre. Se manifestará en errores técnicos, pensamientos espontáneos negativos y dificultades de concentración durante el proceso de visualización. No se debe permitir que estas imágenes negativas permanezcan sin sufrir modificaciones. Es interesante que los deportistas utilicen la imagen negativa a efectos de reconocer, congelar y corregir acciones técnicas ejecutadas incorrectamente.

3. RELAJACIÓN PREVIA. Tener en cuenta lo explicado en el apartado 4.1.2.

4. AJUSTE DE VELOCIDAD. Controlar la velocidad ejecutada en visualización incrementa la confianza en los hábitos interiorizados y en la maestría. Las visualizaciones a cámara lenta pueden servir para que los bailarines superen errores y para aprender nuevas técnicas. Al ralentizar las imágenes podrán concentrarse mejor en los componentes concretos, consiguiendo dominarlos. Después podrán continuar interiorizando el movimiento mediante la aceleración de imágenes y la incorporación de los elementos de expresión. De esta forma se concentran más en la ejecución y no tienen tiempo para distraerse con pensamientos y factores externos.

PASO A PASO:

A. AUTOCONOCIMIENTO.

Ejercicio 1. Evalúa tu habilidad actual en visualización. Elige una coreografía e imagínate practicándola en el lugar donde habitualmente lo haces, con tu pareja de baile. Cierra los ojos unos momentos y trata de verte, oír los sonidos, sentir tu cuerpo realizando el movimiento y ser consciente de tu estado de ánimo. Después puntúa los ítems en la columna de la derecha (1-10).

Puedes repetir este ejercicio con diferentes situaciones, como un entrenamiento con público, una competición, ensayando solo, etc.

Tabla 11. Evaluación de habilidad en visualización.

Ítems	1-10
a. ¿Qué tal te veías realizando la actividad?	
b. ¿Qué tal oías los sonidos correspondientes a la actividad?	
c. ¿Cómo eran tus sensaciones táctiles y propioceptivas durante la realización de dichos movimientos?	
d. ¿Hasta qué punto tenías consciencia de tu estado de ánimo?	

B. EJERCICIOS PARA PRACTICAR.

Selecciona entre los siguientes ejercicios los que más necesites según tus puntuaciones en el apartado anterior:

Ejercicio 2. Imagina que estás en tu aula de entrenamiento. Observa alrededor y asimila todos los detalles. ¿Qué es lo que ves? ¿Qué es lo que escuchas? ¿Cómo es la temperatura? ¿Hay alguna corriente de aire? ¿A qué huele? Utiliza todos los sentidos y asimílalos.

Ejercicio 3. Selecciona un paso o combinación concreta y visualízate ejecutándola de manera perfecta. Una y otra vez en tu cabeza. Visualiza cada sensación y movimiento en tus músculos.

Ejercicio 4. Piensa en una de tus mejores competiciones. Puedes revisar vídeos para ayudarte a seleccionar. Recuerda todo lo que veías (a tu pareja, a tu entrenador, a otras parejas). ¿Qué escuchabas?, ¿qué te decías a ti mismo?, ¿cómo era la temperatura? ¿a qué olía? ¿cómo sentías tus pies y tus manos?, ¿tenías sensación de velocidad, rapidez o intensidad?, ¿tus músculos se sentían tensos o relajados?. Permanece concentrado en las sensaciones asociadas con esa buena competición.

Ejercicio 5. Control de la competición. Visualiza trabajar un paso específico que te ha dado problemas antes. Registra con cuidado lo que estás haciendo mal. Ahora visualízate ejecutando el paso a la perfección mientras observas y sientes tus movimientos.

Ejercicio 6. Control de las emociones. Imagínate en una situación en la que te pones tenso, te enfadas, pierdes la concentración o la confianza. Recrea la situación, en especial los sentimientos que la acompañan. Siente la ansiedad, por ejemplo, un día de campeonato. Luego utiliza estrategias para controlar la ansiedad, para sentir que la tensión desaparece de tu cuerpo e intenta controlar lo que ves, escuchas y sientes en tu visualización.

C. ESTABLECER OBJETIVOS PARA LAS VISUALIZACIONES

Ejercicio 7. A nivel individual, escribe al menos uno o dos objetivos de cada tipo a conseguir esta temporada.

Tabla 12. Establecimiento de objetivos y visualizaciones.

Objetivo Técnico:
Objetivo Psicológico:
Objetivo de competición:

D. ESCALA DE VISUALIZACIONES

Ejercicio 8. Elabora una escala de situaciones en las que te visualices en entrenamientos y competiciones. La importancia de las situaciones debe ir creciendo gradualmente, de forma que te imagines bailando en situaciones cada vez más difíciles.

Tabla 13. Escala de visualizaciones.

Menos importante: 1. 2.
Moderadamente importante: 3. 4.
Más importante: 5. 6.

D. SESIONES DE VISUALIZACIÓN

Escoge un lugar tranquilo y cómodo, sin interrupciones. Empieza por el objetivo 1 y mantenlo mínimo una semana. Cuando esté superado pasa al objetivo 2. Delimita el tiempo a 3-4 veces por semana, en sesiones de 10 minutos aproximadamente. Es importante acabar con buena sensación.

Debes adaptar las sesiones de visualización a tus objetivos. Algunos ejemplos: si estás repasando una coreografía el día previo a la competición, la duración del ejercicio en imaginación deberá ajustarse a lo que en realidad dure la coreografía. Puede bastar con realizar uno o dos ejercicios en la sesión. Otras veces, cuando se trata de aprender nuevas habilidades, podrás establecer un número de ensayos seguidos (por ejemplo, 5 repeticiones a cámara lenta del nuevo gesto técnico), y en estos casos las sesiones podrán incluir 3-4 repeticiones.

Ejercicio 9. Diario de visualizaciones. Registra todas las sesiones, incluyendo fecha, lugar, tipo y calidad de la actuación en imaginación, pensamientos y sensaciones, mejoras respecto a sesiones anteriores y cosas que mejorar.

Tabla 14. Registro de visualizaciones.

Fecha	Lugar	Nivel de control	Nivel de nitidez	Calidad	Pensamientos y sensaciones	Mejoras detecta-das	Trabajo futuro

4.1.5. Gestión de entrenamientos

A lo largo del presente capítulo se han planteado diferentes técnicas y ejercicios para ayudar a los bailarines a optimizar su esfuerzo y tener una experiencia más positiva. Todas las técnicas seleccionadas aportarán importantes beneficios para los deportistas, especialmente si son trabajadas meses antes del inicio de las competiciones.

En este apartado presentamos una propuesta para incluir el entrenamiento mental en el día a día de los bailarines de Baile Deportivo mediante un programa de entrenamiento mental o training psicológico.

Como ocurre con la adquisición de cualquier habilidad, para integrar las técnicas psicológicas se requiere constancia y compromiso. Poco a poco los bailarines necesitarán invertir menos cantidades de esfuerzo y tiempo. Durante la temporada, este plan deberá ser modificado con el fin de adaptarse a imprevistos y cambiar aquello que no esté dando los resultados esperados.

PASO A PASO

A. AUTOCONOCIMIENTO

Ejercicio 1. Identifica tus necesidades. Reflexiona sobre las áreas que te gustaría mejorar (motivación, confianza en ti mismo, disminución del estrés, etc.) y asócialas con las técnicas propuestas en este capítulo.

Ejercicio 2. Acuerda con tu pareja, entrenadores y psicólogo deportivo qué áreas serán prioritarias en tu plan de trabajo.

B. PLANIFICACIÓN

Ejercicio 3. Es el momento de incluir las nuevas estrategias en tu plan de entrenamiento. Especifica en tu horario semanal cuándo y de qué forma vas a hacerlo. Ten en cuenta todo lo comentado anteriormente para sacar el máximo partido.

Tabla 15. Organización del plan de entrenamiento.

	L	M	X	J	V	S	D
MAÑANA							
MEDIODÍA							
TARDE							

4.2. COMPETICIÓN

4.2.1. Concentración

Los procesos de atención y concentración en el deporte de competición son fundamentales para obtener un rendimiento óptimo, especialmente en los deportes de tareas motrices cerradas como es el caso del Baile Deportivo. Esto hace que la causalidad o suerte no se presente a menudo y los mejores resultados sean fruto de una buena concentración, un estado físico excepcional y una técnica perfecta.

Los deportistas que describen sus mejores ejecuciones mencionan que están completamente absortos en el presente, enfocados en la tarea inmediata y muy conscientes tanto de sus propios cuerpos como del entorno.

La definición de concentración en el deporte tiene en cuenta cuatro aspectos: a) Atención selectiva. Enfocarse en las señales relevantes del entorno y desechar aquellos estímulos que no beneficien su rendimiento. b) Tener conciencia situacional. Esto permite estimar situaciones de la competición, de otras parejas, la pista, etc. para tomar decisiones apropiadas según la situación. c) Mantener el foco atencional en el tiempo y d) Cambiar el foco atencional cuando es necesario. Flexibilidad atencional de alterar el alcance y el foco de atención según lo demande la situación.

La intermitencia atencional es un problema para el que habría que hacer una evaluación exhaustiva sobre las causas que pueden estar interfiriendo en esa falta de atención. Suele deberse a la ausencia del control de pensamiento, una ansiedad muy elevada o los llamados "pensamientos negativos".

El bailarín debe entrenar la "autorregulación" para ser capaz de permanecer centrado en el presente y volver a enfocar la atención si sucediera alguna distracción. Este mecanismo le ayudará a decidir qué elementos quiere que formen parte de su zona de concentración (la parte de la consciencia centrada plenamente en la actividad que está realizando).

Podemos detectar cuatro posibles estilos atencionales. Dependiendo de la persona y el momento de la competición será necesario desarrollar uno u otro:

- **Atención amplia-externa**. Centrada en atender a estímulos fuera del deportista que demandan una lectura rápida del medio. En este deporte encontramos una cantidad elevada de estímulos externos (ruido del público, movimientos de otras parejas…) que se deben evaluar.

- **Atención amplia-interna.** Se refiere al análisis y planificación. Empleo de estrategias de desplazamiento, análisis de la información recibida y vivencias propias durante la competición.

- **Atención estrecha-externa.** En el momento de la competición, los bailarines deben prestar atención a algunos aspectos externos y provenientes del entorno.

- **Atención estrecha-interna.** Empleada para ensayar mentalmente una ejecución o controlar un estado emocional. La necesidad de auto-regularse cognitivamente, regular la activación y ensayar mentalmente los gestos son cruciales.

PASO A PASO A. ESTABLECE INDICADORES DE CONCENTRACIÓN

Ejercicio 1. Completa la tabla anotando los elementos externos e internos que benefician o perjudican tu rendimiento en diferentes contextos.

Tabla 16. Elementos que influyen en el rendimiento.

		Benefician el rendimiento (relevantes para la competición)	Perjudican el rendimiento (irrelevantes para la competición)
CLASE	ESPACIO FÍSICO (superficie, tamaño de sala, temperatura)		
	GENTE (otros bailarines, profesores, espectadores)		
	PENSAMIENTOS (positivos, negativos, irrelevantes)		
	EMOCIONES (alegría, rabia, tristeza, frustración…)		
	INTENSIDAD (alta, media, baja)		
COMPE-TICIÓN	ESPACIO FÍSICO (tamaño de la pista, luces, humo)		
	GENTE (público, personal del teatro)		
	PENSAMIENTOS (anticipación, miedo)		
	EMOCIONES (excitación, temor)		
	INTENSIDAD (nervios, calma)		

B. MEJORAR LA CONCENTRACIÓN EN CLASES Y ENTRENAMIENTOS

Ejercicio 2. Simplifica el entorno. Reflexiona sobre qué elementos de la tabla anterior sobre el espacio físico podrías eliminar para obtener menos distracciones.

Ejercicio 3. Utiliza palabras técnicas clave. Simplifica las instrucciones técnicas reduciendo la información a una o dos palabras muy descriptivas.

Tabla 17. Palabras técnicas clave.

Instrucción completa	Palabra clave

C. EJERCITA EL FOCO ATENCIONAL

Ejercicio 4. Siéntate en un lugar cómodo y confortable e inspira desde el diafragma profundamente.

Presta atención a lo que escuchas. Elige un sonido separado y nómbralo (voces, pisadas, la radio...) escucha los sonidos de alrededor sin tratar de nombrarlos o clasificarlos. Simplemente descarta los pensamientos y escucha la mezcla de sonidos como si estuvieras escuchando música.

Toma conciencia de las sensaciones corporales (cómo te apoyas en la silla).

Presta atención a tus pensamientos y emociones. Deja que cada emoción o sentimiento aparezca simplemente. Trata de no pensar en nada específico. Mantente relajado y tranquilo, sin importar lo que pienses o sientas. Ahora trata de experimentar cada vez uno de esos pensamientos. Por último, trata de liberarlos todos y relajarte.

Abre los ojos y escoge un objeto que se encuentre cerca de ti. Mirando al frente, sé consciente de todos los objetos que te permita la visión periférica. Ahora trata de estrechar el foco atencional sólo hacia el objeto en cuestión. Expande el foco poco a poco y amplía la perspectiva hasta que puedas ver todo lo que hay en la habitación nuevamente. Amplía y estrecha el foco atencional como si se tratara de una lente.

Ejercicio 5. Aprender a mantener el foco. Elige un objeto en el que focalizarte relacionado con tu deporte (por ejemplo, un zapato). Sostén el objeto entre las manos. Logra una buena sensación de su textura, color y otras características. Ahora deja el objeto y enfoca la atención en él, examínalo en detalle. Si los pensamientos se dispersan, vuelve a concentrarte en el objeto. Registra durante cuánto tiempo puedes hacerlo. Cuando seas capaz de mantener la atención durante por lo menos 5 minutos, comienza a practicar en presencia de distracciones. Haz un diagrama con el tiempo que mantienes la atención bajo estas condiciones.

Ejercicio 6. Entrenamiento en la distracción. Entrena tu coreografía incluyendo en las sesiones distractores con los que te puedes encontrar en la competición (aplausos, gritos, ruido, calor…) y de tipo interno (sentimientos de ansiedad, lamentarse por errores cometidos, preocuparse por la evaluación…)

Además: Elabora y sigue una rutina antes de ensayar, microobjetivos, visualización y técnicas de control de activación, explicadas en la primera parte de este capítulo.

D. MEJORAR LA CONCENTRACIÓN EN LAS COMPETICIONES

Ejercicio 7. Elige una columna dependiendo de tu tipo de foco atencional. Practica los consejos propuestos.

Si prestas atención y te distraes con las actividades del público y otros músicos.	Si prestas atención y te distraes con tus pensamientos y sensaciones físicas.
Antes de las competiciones: Evita la actividad entre bastidores. Controla la mirada. Repite palabras clave. Emplea técnicas para controlar la intensidad.	Antes de las competiciones: Permanece enfocado en la actividad entre bastidores. Charla con compañeros. Realiza tus rutinas pre-competición. Visualiza.

Figura 3. Estilos de foco atencional y estrategias de mejora.

4.2.2. Respiración diafragmática

Muchos bailarines no consiguen coordinar su respiración en su actividad interpretativa. Las investigaciones han indicado que inspirar y mantener el aire aumenta la tensión muscular, mientras que la espiración hace que la tensión disminuya.

Una técnica que podemos utilizar para entrenarnos en el control de la respiración consiste en hacerlo con el diafragma y no con el pecho. Si bajamos (aspiración) y subimos (respiración) el diafragma, experimentaremos una mayor sensación de estabilidad, concentración y relajación.

¿Para qué sirve?

Favorece la flexibilidad y libertad en el cuerpo, mejora la concentración, la gestión de la energía, disminuye el estrés, ayuda a crear acentos en la coreografía y consigue una expresión facial natural.

PASO A PASO

a. CONDICIONES PREVIAS

- Al empezar, practica cuando estés más tranquilo. Te resultará más fácil si estás acostado o recostado en un lugar cómodo, silencioso y con temperatura agradable.
- No tomes mucha cantidad de aire y hazlo por la nariz.
- Es muy importante no forzar.
- Practica varias veces al día (al menos 2 sesiones, de 10 minutos cada una), durante un par de semanas.
- El objetivo final será ser capaz de disminuir la tensión en condiciones de competición con pocas respiraciones.

b. EJERCICIOS DE ENTRENAMIENTO

Antes de empezar expulsa a fondo el aire de tus pulmones varias veces, puedes hacer algunos suspiros o exhalar por la boca. El objetivo es vaciar bien los pulmones de aire residual, lo cual automáticamente provocará la necesidad de inspirar más profundamente.

Ejercicio 1. Sigue los pasos para conseguir que el bailarín controle la dirección del aire.

- Pon una mano en el pecho y otra sobre el estómago, para asegurarte de que llevas el aire a la parte de abajo de los pulmones, sin mover el pecho.
- Al tomar el aire, lentamente, llévalo a la parte de abajo de tus pulmones, hinchando un poco estómago y barriga, sin mover el pecho.
- Retén un momento el aire en esa posición.
- Suelta el aire, lentamente, hundiendo un poco estómago y barriga; sin mover el pecho.
- Procura mantenerte relajado y relajarte un poco más al soltar el aire.

Ejercicio 2. Sigue los pasos para llevar a cabo una inspiración y espiración completa.

- En posición tumbada con ojos cerrados, coloca una mano sobre el vientre y otra en el estómago.
- Dirige el aire de cada inspiración en primer lugar hacia la zona del vientre, luego hacia la del estómago y por último hacia el pecho.
- La inspiración debe tener tres tiempos diferentes, uno por cada zona.
- Realiza la espiración cerrando bastante los labios y produciendo un tenue silbido regular y pausado.

Ejercicio 3. El objetivo de esta fase es generalizar la respiración completa a las condiciones ambientales habituales del intérprete. Repite el ejercicio anterior modificando las posiciones, con los ojos abiertos, hablando, en presencia de ruidos, interactuando con otras personas, etc. Por último, se pueden ensayar los ejercicios en situaciones reales y simuladas relacionadas con la competición.

4.2.3. Rutina pre-competitiva

Es una parte importante de la preparación para antes de la competición porque ayuda a los bailarines a alcanzar y mantener el nivel óptimo de activación. Es una forma eficaz de fomentar la consistencia y la calidad de la interpretación. La rutina debería incluir tareas específicas para preparar a los bailarines a nivel físico, técnico, artístico y mental.

¿Para qué sirve?

Asegura la realización de todos los aspectos clave de la preparación para antes de la competición, clarifica las metas, focaliza la atención en el aquí y el ahora, mentaliza para la competición, evita las distracciones externas, concentra en una destreza específica, ayuda a mantener la calma, fomenta la familiaridad con las situaciones nuevas, reduce la probabilidad de que sucedan acontecimientos inesperados, proporciona sensación de control, aumenta la confianza y equilibra la activación.

¿Cuándo emplear una rutina? Debe utilizarse de forma sistemática durante los entrenamientos para integrarla y poderla transferir a la competición. Por supuesto, debe ser diseñada para realizarla antes y durante la competición. Los descansos son ideales para realizar esta técnica ya que pueden ayudar a estructurar el tiempo antes de la siguiente ejecución. Estructura también los procesos de pensamiento y los estados emocionales del deportista, manteniendo el foco de atención en el presente y en las señales relacionadas con la tarea.

Es interesante hacer una breve distinción entre rutinas y rituales o supersticiones.

Tabla 16. Diferencias entre rutinas y rituales.

RUTINAS	RITUALES
Preparar para la competición. Tienen una función específica y necesaria. Deben ser flexibles y adaptarse a aspectos exclusivos de cada situación.	No tienen una función específica en la preparación para la competición.

PASO A PASO

A. ELABORACIÓN DE UNA RUTINA PERSONALIZADA

Aunque las rutinas son de naturaleza individual, las rutinas para antes de la competición de todos los bailarines deberían incluir todos los elementos que influyen en una competición: comidas, calentamiento físico, vestuario y maquillaje, calentamiento técnico según la coreografía y preparación mental.

Ejercicio 1. Haz una lista de las actividades, pensamientos, sensaciones e imágenes que pueden ayudarte a preparar la competición. Especifica las tareas estructurándolas en función del momento en el que las realizas: a primera hora por la mañana, horas antes de la competición y preparación antes de empezar, en los descansos.

Tabla 17. Rutina pre-competitiva.

Primera hora de la mañana	Física:
	Técnica:
	Artística:
	Mental:
Horas antes de la competición	Física:
	Técnica:
	Artística:
	Mental:
Preparación justo antes de empezar	Física:
	Técnica:
	Artística:
	Mental:
En los descansos	Física:
	Técnica:
	Artística:
	Mental:

4.3. POST-COMPETICIÓN

4.3.1. Atribuciones causales

Al finalizar una competición es natural que los bailarines se pregunten el porqué de lo ocurrido, ya sea una buena puntuación, una mala clasificación, una lesión, etc.

Cuando se encuentran ante un resultado inusual o inesperado es especialmente necesario entender el motivo. Pueden justificarlo con pensamientos como "no estaba suficientemente preparado", "los jueces me tienen manía", "he tenido buena suerte", etc. No obstante, este tipo de atribuciones no les ayudarán a mantener la motivación y focalizarse en la mejora. En este apartado aprenderemos a realizar atribuciones de forma correcta.

¿Para qué sirve hacer atribuciones?

Nos ayuda a comprender nuestro entorno y a controlarlo; por otro lado, mantiene, mejora y protege nuestra autoestima y autoconfianza. También sirve para predecir nuestra conducta futura y la de los demás.

Modelo atribucional para el éxito y el fracaso de Weiner. La Teoría de la Atribución de Weiner (1986) se centra en la manera en que los deportistas explican sus éxitos y fracasos. Sostiene que el deportista clasifica el resultado de una competición en base a tres categorías: estabilidad (estable o inestable), punto de causalidad (externo o interno) y controlabilidad (que puede estar bajo nuestro control o no).

Las explicaciones que los bailarines y entrenadores hacen ante un resultado son importantes ya que afectan a las reacciones emocionales y tienen una notable influencia en la forma de afrontar los entrenamientos y competiciones futuras.

Algunas emociones se generan sin que nos detengamos en las causas, es decir, sin realizar atribuciones de forma consciente. Se crean emociones generalmente primitivas. Si el resultado es positivo se tendrán emociones, por ejemplo, de orgullo y satisfacción. En cambio, si el resultado es negativo, las emociones serán de tristeza y frustración.

Resultado → emoción (emociones dependientes del resultado)

No obstante, es recomendable reflexionar sobre los resultados y los motivos por los que pueden haber sucedido.

Resultado → evaluación del resultado → atribución → emoción (emociones dependientes de la atribución)

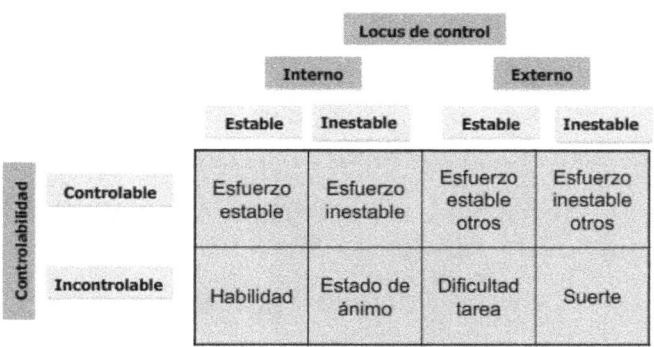

Figura 4. Modelo tridimensional de Weiner, 1979.

Consecuencias afectivas de las atribuciones

Ante un **éxito** los bailarines pueden reaccionar de diferentes formas, que tendrán consecuencias en sus sentimientos y comportamientos. Comentamos diferentes posibilidades:

- Asociar el éxito a elementos **internos** como el esfuerzo o a la capacidad, generará sentimientos de orgullo, satisfacción y mayor autoconfianza.

- Asociar el éxito a elementos **externos** como la suerte, la facilidad de la tarea o ser favorecido por los jueces no potenciará tanto los sentimientos de autoconfianza como en el caso anterior.

- Asociar el éxito a elementos **estables** como la capacidad o habilidad personal proporcionará satisfacción y potenciará expectativas de éxito futuras.

- Asociar el éxito a elementos **inestables** como el esfuerzo o errores de parejas rivales no determinará expectativas de éxito para el futuro.

- Asociar el éxito a factores **controlables** como el esfuerzo, la concentración o el trabajo proporcionará mayor motivación para los próximos retos.

- Asociar el éxito a factores **incontrolables** como los jueces o las parejas rivales no favorecerá la autoconfianza ni las expectativas positivas para el futuro.

Ante un fracaso, el bailarín también cuenta con distintos tipos de atribución posibles:

- Asociar el fracaso a factores **internos** y **estables** como la falta de habilidad ante un determinado estilo, comportará sentimientos de frustración, enfado y expectativas negativas.

- Asociar el fracaso a factores **internos** e **inestables** como el poco esfuerzo, creará expectativas de mejora.

- Asociar el fracaso a factores **externos** como la suerte o la dificultad de la tarea protegerá la autoestima y disminuirá el sentimiento de culpabilidad.

Indefensión aprendida

Se define como una condición adquirida por la cual la persona percibe que sus acciones no tienen efecto en los resultados deseados de una tarea o habilidad (Dweck, 1980).

Es una de las consecuencias más graves que acarrea el no responder de forma adecuada ante los fracasos, ya que puede derivar en abandono de la actividad e incluso en depresión. Es importante que se detecte y se acuda a un profesional de la psicología.

El bailarín con indefensión aprendida ha sufrido derrotas continuadas y tiende a atribuirlas a agentes internos, estables y globales. Piensa que sus actuaciones no producirán el efecto deseado o que el fracaso es inevitable. Esto le hace sentir incompetente y culpable. Sufre una bajada de confianza en su propia habilidad.

PASO A PASO

a. AUTOCONOCIMIENTO

Ejercicio 1: Recuerda una competición que haya sido importante en tu vida deportiva ¿Cuál fue el resultado? ¿Cuáles fueron las principales causas de este resultado?

Ejercicio 2. Intenta detectar en qué columna te sientes más identificado.

Tabla 17. Locus control interno y externo.

Locus de control interno	Locus de control externo
Tiendes a atribuir el fracaso a falta de capacidad personal.	Tiendes a atribuir el fracaso a la mala suerte y a la dificultad de la tarea.
Tiendes a realizar acciones encaminadas a preservar la salud.	Sueles ser más frágil emocionalmente.
Tiendes a mostrarte optimista.	Sueles ser más vulnerables al estrés.
Sueles intentar dominar las situaciones.	Tiendes a ser conformista.
Intentas controlar la conducta de los demás.	No intentas controlar a los demás.
Sueles juzgar a los demás con dureza.	Juzgas a la gente con benevolencia.
Tiendes a exigir castigos por transgredir las normas de convivencia.	Tiendes a utilizar estrategias defensivas para explicar tus fracasos.
Tiendes a asumir mayor responsabilidad.	Tiendes a eludir la responsabilidad.

Ejercicio 3. Recuerda una competición en la que hayas obtenido una victoria o consideres un éxito. ¿Cuál fue la causa más importante de dicho éxito?

Tabla 18. Cuestionario para identificar el estilo atribucional.

Escribe aquí la causa: _____		
La causa que has señalado es algo que:		
1 Refleja una característica de ti mismo	9 8 7 6 5 4 3 2 1	Refleja una característica de la situación
2 Que puedes controlar	9 8 7 6 5 4 3 2 1	No puedes controlar
3 Es permanente	9 8 7 6 5 4 3 2 1	Es temporal
4 Depende de ti	9 8 7 6 5 4 3 2 1	No depende de ti
5 Es externa a ti	1 2 3 4 5 6 7 8 9	Está dentro de ti
6 Variable en el tiempo	1 2 3 4 5 6 7 8 9	Es estable en el tiempo
7 Es relativo a ti mismo	9 8 7 6 5 4 3 2 1	Es relativo a los demás
8 Se puede cambiar	1 2 3 4 5 6 7 8 9	No se puede cambiar
9 Nadie es responsable	1 2 3 4 5 6 7 8 9	Alguien es responsable

Cuestionario Causal Dimension Scale (CDS, Russell, 1982)

Corrección: La puntuación total de cada subescala se obtiene de la siguiente forma:

Para el Locus de Causalidad: sumando las puntuaciones de los ítems 1, 5 y 7

Para la Estabilidad, sumando las puntuaciones de los ítems 3, 6 y 8

Para la Controlabilidad, sumando las puntuaciones de los ítems 2, 4 y 9.

Puntuaciones altas (máximo 27) indican que la causa es percibida como interna, estable y controlable.

B. PAUTAS PARA EL REENTRENAMIENTO ATRIBUCIONAL

El reentrenamiento atribucional ayuda al bailarín a cambiar sus atribuciones ante un resultado cuando existe riesgo de desarrollar sentimientos negativos o se prevé intención de abandono. El objetivo es conseguir un estado emocional positivo y favorecer las expectativas positivas en el futuro.

Debemos destacar el importante papel de los entrenadores, que pueden guiar al bailarín a realizar la atribución más útil para favorecer su motivación, autoconfianza y foco en el esfuerzo y la mejora.

Para ello se deben tener en cuenta las siguientes pautas:

- Promover que el bailarín realice atribuciones a factores que pueda controlar.
- Evitar que el bailarín atribuya su fracaso a una falta de habilidad.
- Atribución útil del fracaso: inestable, específica y controlable.
- En el caso de éxito, evitar atribuirlo a la suerte o a la facilidad de la tarea.
- Centrar el éxito en la capacidad y el esfuerzo.

Ejercicio 4. Para practicar. Anota posibles resultados de competiciones. Escribe una atribución incorrecta que se podría realizar tras esa situación. A continuación, propón una atribución más útil teniendo en cuenta las pautas presentadas en este apartado.

Tabla 19. Atribuciones útiles.

Situación	Atribución incorrecta	Atribución útil
1.		
2.		
3.		
4.		

4.3.2. Reestructuración de objetivos

La primera técnica presentada en este capítulo fue el Establecimiento de Objetivos en pre-competición. La recuperamos en el cierre de la preparación psicológica porque es esencial llevar a cabo una evaluación de entrenamientos y objetivos post-competición.

Al finalizar la temporada, los bailarines deben valorar objetivamente qué han conseguido, no sólo a nivel de clasificación en campeonatos, si no qué aspectos les sitúan ahora más cerca de alcanzar sus metas en la carrera deportiva. Por ejemplo, puede que hayan mejorado su expresividad en la pista, sean más conscientes de su nivel de activación óptimo y cómo conseguirlo, y hayan avanzado en controlar la ansiedad en los días previos a una competición importante.

Del mismo modo, otros aspectos quedarán pendientes y requerirán más trabajo en la próxima temporada. Es el momento de estudiar por qué no se han conseguido utilizando atribuciones útiles para favorecer la motivación y la perseverancia. Posteriormente, conviene concretar un método de trabajo más adecuado.

Ejercicio 1. Análisis de objetivos conseguidos. Recupera el cuadro de identificación de metas que hiciste a principio de temporada, así como las posteriores modificaciones que habrá ido sufriendo para ajustarlo a la realidad y a los imprevistos. Anota en la siguiente tabla qué aspectos físicos, técnicos, mentales y de estilo de vida has mejorado esta temporada.

Tabla 20. Análisis de objetivos conseguidos.

Área	Aspectos mejorados	Cómo lo he trabajado	Satisfacción (1-10)
FÍSICA			
MENTAL			
TÉCNICA			
ESTILO DE VIDA			

Ejercicio 2. Reflexiona sobre las áreas que te propusiste mejorar, pero no han alcanzado los niveles adecuados para ti. Esta tabla te guiará a concretar los objetivos de tu próxima temporada.

Tabla 21. Re-estructuración de objetivos.

Área	Aspectos a mejorar	Cómo lo he trabajado	Satisfacción (1-10)
FÍSICA			
MENTAL			
TÉCNICA			
ESTILO DE VIDA			

REFERENCIAS

Cantón, E., y Checa, I. (2011). Entrenamiento psicológico en Baile Deportivo y de competición. *Revista de Psicología del Deporte, 20(2),* 479-490.

Chamarro, A., Martos, V., Parrado, E., y Oberst, U. (2011). Aspectos psicológicos del baile: Una aproximación desde el enfoque de la pasión. *Aloma: Revista de Psicologia, Ciències de l'Educació i de l'Esport, 29*, 341-350.

Dalia, G. (2004). *Cómo superar la ansiedad escénica en músicos.* Madrid: IdeaMúsica Editores S.L.

García, R. (2015). *Cómo preparar con éxito un concierto o audición.* Barcelona: Redbook Ediciones.

García-Dantas, A. (2011). Psicología y Danza. En Arbinaga y Caracuel (Eds.) *Intervención psicológica en deportes minoritarios,* Publisher: Psimática, pp.139-162.

García, R. (2017). *Entrenamiento mental para músicos.* Barcelona: Redbook Ediciones.

García-Garay, M. (2016). Apoyo a la Autonomía, satisfacción de Necesidades Psicológicas Básicas, Motivación Autodeterminada y

Bienestar en bailarines adolescentes de una escuela de danza. *Informació Psicològica, 112*, 29-43.

García-Garay, M. (2016). El psicólogo deportivo en las escuelas de danza y conservatorios: Guía de Servicios. En *IV Congreso Nacional y I Internacional La investigación en Danza (Vol. 2)*. Valencia: Mahali Ediciones. Pp. 407-414.

García-Garay, M. y Checa, I. (2016). Propuesta de programa de entrenamiento psicológico para un equipo de bailarines de competición de danza urbana. En *IV Congreso Nacional y I Internacional La investigación en Danza (Vol.2)*. Valencia: Mahali Ediciones. Pp.251-260.

Jacobson, E. (1938). *Progressive relaxation: A physiological and clinical investigation of muscular states and their significance in psychology and medical practice.* University of Chicago Press.

Jackson, S. A. y Csikszentmihalyi, M. (2014). *Fluir en el deporte. Claves para las experiencias y actuaciones óptimas.* Badalona: Editorial Paidotribo.

López De La Llave, A. y Pérez-Llantada, M. C. (2006). *Psicología para intérpretes artísticos.* Madrid: Thomson.

Márquez, S. (2004). *Ansiedad, estrés y deporte.* Madrid: EOS.

Mérida, J. A. M., y Ocejo, J. D. (2008). *Control del pensamiento y sus estrategias en el deporte.* Madrid: EOS.

Tamorri, S. (2004). *Neurociencias y deporte. Psicología deportiva. Procesos mentales del atleta (Vol. 70)*. Editorial Paidotribo.

Taylor, J. y Taylor, C. (2008). *Psicología de la danza.* Madrid: Gaia.

Weinberg, R. S. (2010). *Fundamentos de psicología del deporte y del ejercicio físico.* Ed. Médica Panamericana.

Winkelhuis, M. (2011). Dance to Your Maximum: The Competitive Ballroom Dancer's Workbook. London: DanceSport International.

Winkelhuis, M. (2015). *Dance without stress: 100 smart stress rescues for competition dancers*. London: DanceSport International.

Yerkes R.y Dodson, J. (1908). The relation of strength of stimulus to rapidity of habit-formation. *Journal of Comparative Neurology and Psychology, 18,* 459–482.

Capítulo 5
Baila sin lesiones: conoce tu cuerpo

Hay una serie de conceptos que deben quedar claros antes de comenzar a leer este capítulo.

El cuerpo humano está formado por 206 huesos unidos entre sí mediante 3 tipos de articulaciones. En este capítulo nos centraremos en las de tipo sinovial que son las más móviles, rodeadas por cápsulas y ligamentos, y cuya función es hacer que las articulaciones sean lo más estables posible. Por otro lado, los músculos y los tendones son los encargados de crear movimiento. Los músculos más profundos del cuerpo tienen una función estabilizadora mientras que los músculos más superficiales tienen una función dinámica.

Tabla 1. Nomenclatura utilizada en el texto y su significado.

Nomenclatura	Significado
Anterior	Parte de delante del cuerpo
Posterior	Parte de detrás del cuerpo
Medial o interno	Cercano a la línea media del cuerpo
Lateral o externo	Alejado de la línea media del cuerpo
Proximal	Cercano al centro del cuerpo
Distal	Alejado del centro del cuerpo
Craneal	Hacia la cabeza
Caudal	Hacia los pies

En este capítulo haremos un repaso de la anatomía, analizaremos las lesiones más frecuentes en el Baile Deportivo y presentaremos las claves para una buena prevención. Está dividido en cuatro apartados: uno de ellos irá destinado al miembro inferior donde incluiremos la cintura pélvica por su influencia en la cadera y la columna lumbar; otro a la columna vertebral, y también presentaremos el miembro superior donde hablaremos de la cintura escapular por su relación con los movimientos del hombro. En el último apartado haremos algunas aclaraciones que creemos importantes para el bailarín.

5.1. EL MIEMBRO INFERIOR

5.1.1. El tobillo

Es la articulación que hay entre la pierna (tibia y peroné) y el pie (astrágalo). Llamaremos a esta articulación tibioperoneoastragalina por los tres huesos que involucra.

La tibia es el hueso que transmite casi todo el peso del cuerpo hacia el pie y es fácil de palpar por la cara anterior de la pierna. El peroné se encuentra ligeramente por detrás y por fuera de la tibia y es un hueso delgado y maleable capaz de adaptarse a los movimientos del pie. Ambos huesos están unidos mediante una membrana interósea en todo su recorrido, y a nivel distal hay dos ligamentos importantes: el ligamento preoneotibial anterior y el ligamento peroneotibial posterior. El peroné y la tibia forman una superficie cóncava llamada mortaja astragalina. Esta mortaja tiene forma de pinza gracias a los maléolos interno y externo que son prolongaciones de la tibia y el peroné respectivamente. Esta pinza permite mantener el astrágalo encajado dentro de la articulación.

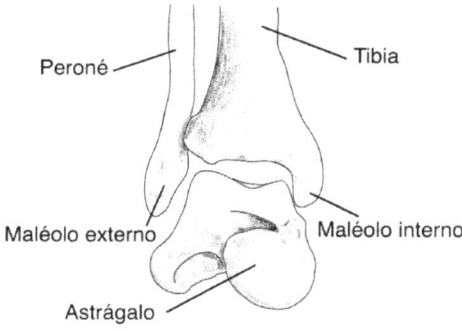

Figura 1. El tobillo.

El astrágalo transmite el peso del cuerpo hacia el pie. Tiene en su cara superior una superficie convexa que articula con la superficie cóncava de la mortaja astragalina, lo que hace que ambos huesos puedan acoplarse perfectamente entre ellos.

El tobillo reproduce dos movimientos: el movimiento de flexión dorsal y de flexión plantar. Si partimos de la posición neutra del tobillo (donde pie y tibia forman un ángulo de 90º) la flexión dorsal consiste en aproximar el empeine del pie a la tibia y la flexión plantar en alejarlo, como cuando caminamos de puntillas o nos ponemos zapatos de tacón. Además, la movilidad del pie nos permite mover el pie hacia dentro (supinación) y hacia fuera (pronación).

El tobillo está rodeado de una cápsula articular reforzada por ligamentos laterales. El ligamento lateral externo (LLE) cubre la cara externa del tobillo y está compuesto por tres haces que parten del maléolo externo para insertarse en el pie. De estos haces el que más se lesiona es el ligamento peroneoastragalino anterior (LPAA) del que hablaremos más adelante. Los otros dos haces son el ligamento peroneoastragalino posterior (LPAP) y el ligamento peroneocalcáneo (LPC). El ligamento lateral interno (LLI) protege la cara interna del tobillo y contiene cuatro haces que parten del maléolo interno para insertarse en los huesos del pie.

Los dos maléolos interno y externo junto con los ligamentos laterales otorgan de estabilidad lateral al tobillo. Sin embargo, el astrágalo es más estrecho por detrás que por delante y cuando hacemos flexión plantar (al hacer puntillas) el astrágalo "rueda" hacia delante, y es la parte posterior y más estrecha la que articula. En este momento la pinza ya no se ajusta al astrágalo y el tobillo se vuelve inestable. Por otro lado, durante la flexión dorsal la estabilidad ósea del tobillo es máxima porque es la parte anterior y más ancha del astrágalo la que articula con la pinza formada por tibia y peroné, encajando perfectamente. Por tanto, sabemos que al hacer puntillas el tobillo no es estable y necesitaremos que los ligamentos y los músculos trabajen más.

El ligamento que más se tensa durante la flexión plantar es el LPAA y además la flexión plantar se asocia a un movimiento de supinación tensando todavía más este ligamento. Hablamos del mecanismo típico por el que se producen los esguinces de tobillo, donde el pie se dobla hacia abajo (flexión plantar) y hacia dentro (supinación). Si la tensión sobre los ligamentos laterales del tobillo es muy alta se pueden dañar o incluso romper.

Lesiones del tobillo

a) Esguinces de tobillo.

Para bailar con zapatos de tacón necesitamos que el tobillo haga una flexión plantar. Recordamos que la flexión plantar está asociada a una inestabilidad del tobillo porque la tibia y el peroné no se ajustan al astrágalo.

Un esguince es la distensión, rotura parcial o completa de un ligamento. Cuando el tobillo está en flexión plantar el ligamento que más se tensa y que más posibilidades tiene de romperse es el LPAA.

Los esguinces de tobillo se clasifican en función del número de fibras rotas y de la cantidad de ligamentos dañados. En un esguince de grado 1 o leve solo hay una distensión del LPAA y la estabilidad del tobillo se mantiene prácticamente intacta. Si tras una torcedura el bailarín puede caminar (a pesar de tener ligeras molestias) hablaríamos de un esguince de grado 1. En un grado 2 el esguince es moderado y aquí el desgarro del ligamento es mayor. Se suele lesionar el LPAA y el LPC, y por lo tanto el tobillo será más inestable. Un grado 3 es un esguince grave, donde los ligamentos de todo el compartimento lateral están completamente rotos. En estos casos se suele recurrir a la cirugía. En términos generales cuanto más edema (hinchazón), hematoma, dolor e inestabilidad haya, más grave es el esguince.

Para un esguince de grado 1 y 2, el tratamiento a seguir será conservador (sin cirugía). En los estadios iniciales del esguince es importante disminuir el dolor, el edema y el hematoma o hemorragia mediante vendajes de compresión y la elevación del miembro inferior. Al mismo tiempo debemos evitar que el tobillo pierda movilidad y fuerza. En el caso de un esguince leve donde hay escasa o nula inestabilidad, el bailarín tiene que caminar siempre y cuando el dolor se lo permita. Aquí los vendajes funcionales son muy útiles porque permiten que el pie se mueva, pero limitando los movimientos lesivos. El objetivo de caminar es drenar el exceso de líquido que hay en la articulación y mantener la movilidad y la fuerza del tobillo. En un esguince moderado donde la inestabilidad es mayor es recomendable acudir a una piscina porque al sumergimos, el agua ejerce una presión hidrostática sobre el cuerpo y a mayor profundidad mayor presión tendremos. Esta presión descendente hace que cuando nos introducimos dentro del agua, los pies reciban más presión que la cabeza por estar a mayor profundidad, lo cual se traduce en un efecto de drenaje sobre la articulación del tobillo cuando está hinchado. Además, dentro del agua nuestro peso es menor (si nos sumergimos hasta las axilas pesamos un 20% de nuestro peso real y si es hasta el cuello un 7.5%) y será posible realizar el gesto de caminar, o incluso bailar, sin provocar estrés en la articulación.

Más adelante, cuando el dolor, el edema y la hemorragia hayan desaparecido podremos comenzar a recuperar la movilidad completa y la fuerza (las cuales hemos intentado mantener) con terapia manual (fisioterapia) y ejercicios específicos.

La mayoría de las personas creen que la propiocepción (ver apartado de "Prevención") es algo que se debe trabajar solo en la fase final de la rehabilitación. Pero lo ideal es ir introduciendo ejercicios de propiocepción desde el comienzo de la rehabilitación aumentando progresivamente su dificultad. Al inicio se harán ejercicios en descarga sobre la camilla o dentro del agua, para más tarde hacer ejercicios de pie sobre superficies inestables.

b) Tendinopatía Aquílea.

Los tendones son la segunda estructura más fuerte del cuerpo humano y la que transmite la fuerza del músculo al hueso.

Antiguamente se hablaba de tendinitis cuando el tendón estaba inflamado y de tendinosis en procesos más crónicos. Hoy en día se sabe que no hay células inflamatorias en el tendón y que el término tendinitis es erróneo (-itis significa inflamación). Hablaremos por tanto de tendinopatías.

Las causas de una tendinopatía pueden ser intrínsecas y/o extrínsecas. Por un lado, los factores intrínsecos son los genes, la edad, el sexo y la biomecánica, sobre los cuales tenemos poca o ninguna influencia. Pero por otro lado hay un factor extrínseco esencial: la carga. Los tendones son tejidos con un número muy pobre de células. Imaginemos un edificio enorme con muy pocos ladrillos que lo sustenten. Si 100 personas entran en el edificio de golpe, los ladrillos no van a ser capaces de soportar la carga y el edificio se caerá. Sin embargo, si esas 100 personas entran de una en una, tenemos tiempo para reforzar el edificio con nuevos ladrillos para que no se caiga. Los tendones son similares: si aumentas tu actividad o la intensidad del entrenamiento de golpe, el tendón no tendrá tiempo de adaptarse y sufrirá.

La tendinopatía la dividiremos en 3 fases: tendinopatía reactiva, deteriorada y degenerativa (Cook & Purdam, 2009).

Es muy frecuente que, al aumentar la intensidad del entrenamiento, o cuando se reanuda la competición tras la temporada de verano, los bailarines comiencen a sentir dolor en el tendón de Aquiles o en el tendón rotuliano. En este momento el tendón está intentando adaptarse a esa subida repentina de trabajo dando lugar a una "tendinopatía reactiva" que cursa con un dolor muy fuerte acompañado de hinchazón. Aquí es importante el reposo relativo: el bailarín debe seguir haciendo actividad física, pero evitando sobrecargar la zona (evitando los zapatos de tacón, por ejemplo). En la tendinopatía reactiva la estructura del tendón se mantiene intacta, pero si el bailarín no disminuye la actividad, el tendón comenzará a deteriorarse. Esto significa que su estructura cambiará y el tejido comenzará a romperse y a desorganizarse (las fibras de colágeno que antes estaban paralelas unas con respecto a las otras, ahora ya no lo estarán). En la tendinopatía degenerativa (la última etapa) la desorganización y la rotura del tejido son mayores, y se suele ver en personas mayores, pero también en atletas jóvenes con tendinopatías crónicas. La mayoría de roturas de tendón se producen en tendones previamente degenerados, incapaces de soportar cargas.

Al contrario que en un tendón reactivo donde lo que buscamos es el reposo relativo, cuando la estructura del tendón ha cambiado queremos que ese tendón se regenere y produzca nuevo tejido. Para ello se harán ejercicios específicos, generalmente excéntricos porque el ejercicio excéntrico es el estímulo más potente para regenerar y remodelar el tendón.

Hay dos factores que hacen de las lesiones tendinosas procesos largos y difíciles. El primero es que hay muy pocas células en el tendón. Las células (fibroblastos) son las que se encargan de producir nuevo tejido y si no hay células suficientes, la formación de tejido nuevo será lenta. Por otro lado, el tendón tiene muy pocos vasos sanguíneos y la sangre, que es la que transporta los elementos necesarios para la curación de los tejidos, será insuficiente para la curación. Por ello en casos de lesión tendinosa el tendón creará nuevos vasos sanguíneos, produciendo un efecto conocido como neovascularización (Fenwick, Hazleman, & Riley, 2002).

El tendón se puede dañar en la zona central (cuerpo del tendón) o en su inserción debido a estiramientos muy bruscos y repentinos que tiran del hueso o de la unión miotendinosa (la zona de unión entre el músculo y el tendón). Es lo que se llaman entesopatías.

Otras veces no es el tendón lo que se lesiona sino su envoltura externa. Para evitar que el tendón roce o friccione con otras estructuras a lo largo de su recorrido algunos tendones están envueltos de vainas tendinosas o de paratendón. La lesión de estos tejidos sería una tenosinovitis y peritendinitis respectivamente. En estos casos sí hay una verdadera inflamación, por eso se mantiene el sufijo –itis.

Los zapatos de tacón requieren de una contracción permanente de toda la musculatura posterior de la pierna, en especial de los gemelos y del sóleo, lo cual sobrecarga el tendón de Aquiles. En el tendón de Aquiles se suele ver afectado el paratendón, el cuerpo del tendón o ambos.

Prevención

a) Aumentar la actividad progresivamente.

Cuando comienza la temporada de competiciones los bailarines suelen aumentar el número de horas y la intensidad de los entrenamientos de golpe. Si no seguimos una progresión el tendón responderá con dolor e hinchazón y tendremos una tendinopatía reactiva. Recomendamos aumentar el tiempo y la intensidad del entrenamiento de manera progresiva para darle tiempo al tendón de adaptarse.

b) Estirar el compartimento posterior de la pierna.

Al bailar con zapatos de tacón disminuye la flexibilidad y elasticidad de los tejidos de toda la cara posterior de la pierna (Silva et al., 2013a). Por lo tanto, para prevenir sobrecargas de la musculatura posterior de la pierna y/o tendinopatías aquíleas, necesitamos estirar los músculos de la parte posterior de la pierna (entre ellos gemelos, sóleo e isquiosurales).

c) Propiocepción.

Los seres humanos tenemos 3 vías sensitivas por las cuales recibimos sensaciones. La interocepción proviene de estímulos internos (presión sanguínea, el medio interno, etc.), la exterocepción de estímulos externos (la luz, un golpe, un ruido, etc.) y la propiocepción que es la percepción del propio cuerpo en el espacio y de cómo me muevo.

El tejido conjuntivo es el encargado de la propiocepción. La cápsula, los ligamentos, los tendones, los músculos, la piel y la fascia tienen receptores (mecanorreceptores) que envían una señal a tu cerebro para que sepas cuál es tu posición en el espacio. Por ello cuando cierras los ojos o cuando bailas sin un espejo delante eres capaz de saber cómo está colocado tu cuerpo. Los ligamentos son poco elásticos y contienen gran cantidad de mecanorreceptores, por lo que si los estiramos más allá de su límite nuestro cuerpo producirá una contracción muscular como respuesta de protección para evitar que el ligamento se rompa. Cuando nos hacemos un esguince y el ligamento se rompe, estos receptores propioceptivos quedan alterados y las posibilidades de volver a lesionarnos aumenta. Mediante ejercicios de propiocepción se debe reentrenar y reactivar estos receptores inactivados tras un esguince.

5.1.2. La rodilla

Es la articulación del fémur con la tibia y permite los movimientos de flexo-extensión y de rotación cuando la rodilla está flexionada. En la parte distal del fémur hay dos huesos con forma redondeada (los cóndilos femorales) colocados encima de unas superficies casi planas llamadas mesetas tibiales y que corresponden a la tibia. Esta es la articulación femorotibial, entre el fémur y la tibia. Es evidente que una superficie redonda sobre una superficie plana no es estable y necesita una estructura extra que aumente su congruencia. Son los meniscos, dos láminas de fibrocartílago que hay sobre las mesetas tibiales, los que consiguen que estas superficies articulares encajen mejor. Además, evitan las fricciones de un hueso sobre otro y amortiguan los golpes al aumentar la superficie de apoyo de la articulación. Los meniscos se mantienen parcialmente sujetos a la tibia, pero tienen cierta movilidad para acompañar a los cóndilos femorales durante los movimientos de la rodilla. Hay que señalar que el menisco interno se mueve menos que el externo y por eso se lesiona más.

Justo entre los dos cóndilos femorales y por delante tenemos una superficie cóncava, la tróclea femoral, donde se sitúa la rótula. Es la articulación femoropatelar, entre el fémur y la rótula. La rótula es el mayor hueso sesamoideo del cuerpo y su función es proteger el tendón del cuádriceps evitando que deslice directamente sobre el fémur durante los movimientos de flexo-extensión de la rodilla. Además, mejora la acción del cuádriceps aumentando su brazo de palanca.

Entre las mesetas tibiales tenemos dos espinas que dividen la zona en una superficie preespinal y una superficie retrospinal. Estas áreas sirven de inserción para dos ligamentos que cruzan la articulación por dentro: los ligamentos cruzados. El ligamento cruzado anterior (LCA) se inserta en la superficie preespinal hasta el cóndilo externo e impide que la tibia se deslice hacia delante. El ligamento cruzado posterior (LCP) se extiende desde la superficie retroespinal hasta el cóndilo interno e impide que la tibia se deslice hacia atrás.

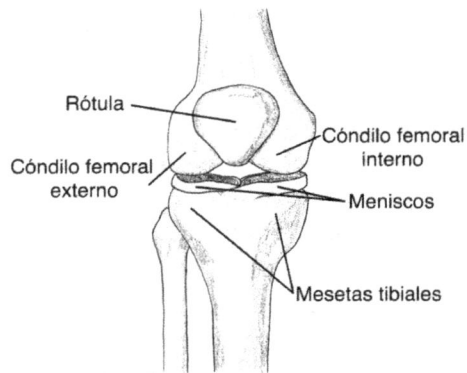

Figura 2. La rodilla.

La cápsula que recubre la rodilla está reforzada por los ligamentos laterales cuya función es estabilizar lateralmente la rodilla. El ligamento lateral interno (LLI) va del cóndilo interno hasta la cara interna de la meseta tibial. Evita que la rodilla se "abra" en su lado interno. El ligamento lateral externo (LLE) va desde el cóndilo externo hasta la cabeza del peroné. Evita que la rodilla se "abra" en su lado externo.

Si observamos las piernas por delante vemos que la tibia y el fémur no siguen un mismo eje vertical (la rodilla no se encuentra justo debajo de la cabeza femoral) y vemos como la rodilla se encuentra ligeramente medial. A esta desviación en la alineación de la rodilla la llamamos valgo fisiológico. Hay personas que esta desviación interna de la rodilla la tienen más acentuada (genu valgo) o menos (genu varo).

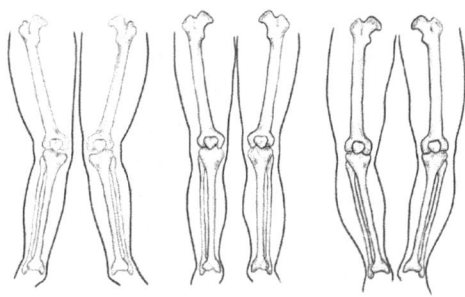

Figura 3. Genu valgo, valgo fisiológico y genu varo.

En un genu valgo la rodilla tiende a bostezar y a abrirse en su lado interno, aumentando el peso sobre el menisco externo y la tensión sobre el LLI. Para controlar esta desviación natural del cuerpo necesitamos que los estabilizadores del lado interno de la rodilla sean más fuertes. En un genu varo sucede lo contrario: aumenta la carga sobre el menisco medial y la tensión sobre el LLE.

La hiperextensión de rodilla (genu recurvatum) consiste en un aumento de la extensión de rodilla. A veces las bailarinas buscan esta posición primero por un factor estético y segundo porque cuando la rodilla está en extensión todos los ligamentos se tensan y la articulación es más estable. Las bailarinas necesitan esta estabilidad, especialmente por los desequilibrios que generan los zapatos de tacón.

Recordemos que además del movimiento de flexo-extensión, la tibia también es capaz de hacer rotaciones cuando está flexionada. Cuando la tibia gira hacia fuera en relación al fémur es una rotación externa (los pies miran hacia fuera) y si la tibia gira hacia dentro es una rotación interna (los pies miran hacia dentro). Pero además existen rotaciones tibiales que se producen de manera automática cada vez que doblamos y estiramos la rodilla. Cuando flexionamos la rodilla la tibia gira hacia dentro y cuando la extendemos gira hacia fuera. Esta rotación automática permite que los cóndilos femorales se ajusten correctamente a las mesetas tibiales.

Lesiones de la rodilla

a) Meniscopatía.

Recordemos que cuando doblamos y estiramos la rodilla la tibia gira y los meniscos se mueven. Si hacemos una extensión muy rápida y brusca de la rodilla, por ejemplo al dar una patada en el Jive, o si giramos sobre un pie que se encuentra anclado al suelo, y este movimiento de los meniscos no se produce, se quedarán pellizcados entre los cóndilos femorales y las mesetas tibiales (Howse, 2011).

Esa compresión puede simplemente inflamar los meniscos (meniscitis) o llegar a romperlos (rotura de menisco). Cuando un menisco se rompe, se suele oír un crujido (no siempre) y aparece un dolor muy agudo en la rodilla. Si el trozo de menisco roto se desplaza, la rodilla quedará bloqueada en flexión y no se podrá extender del todo.

b) Dolor femoropatelar.

Hay dos factores que pueden contribuir al desgaste precoz de la articulación femoropatelar.

Recordemos que tenemos un valgo fisiológico que hace que el eje del fémur y de la tibia no coincidan. Debido a esta angulación, el cuádriceps ejerce una tracción lateral sobre la rótula. Esta tracción aumenta en tres situaciones (Nguyen & Shultz, 2009): si la tibia está rotada hacia fuera y/o el fémur hacia dentro, si el valgo de rodilla es mayor de lo normal, o si la musculatura del compartimento lateral del muslo está muy tensa. Generalmente estas tres situaciones se dan a la vez. Por otro lado, si las fuerzas de compresión de la rótula contra el fémur son muy grandes la articulación puede sufrir. Cuanto más se flexione la rodilla (por ejemplo, al hacer una sentadilla) o más fuerte se contraiga el cuádriceps mayor será esta fuerza de compresión.

Cuando bailamos sobre zapatos de tacón el centro de gravedad se desplaza hacia delante y para no caernos nuestro cuerpo hace modificaciones como un aumento del valgo de rodillas, una anteversión pélvica y un aumento de la lordosis lumbar(Silva, de Siqueira, & da Silva, 2013a). Todo esto se consigue gracias a la contracción del cuádriceps que permite mantener esta posición y con ello aumentar la presión femoropatelar.

Cuando el cartílago entre la rótula y el fémur se desgasta aparece dolor en la cara anterior de la rodilla, especialmente en los movimientos de flexión.

c) Subluxación o luxación rotuliana.

Cuando la rótula es inestable puede salir fuera de su articulación. Recordemos que la torsión tibial externa y/o femoral interna, el genu valgo y la tirantez del compartimento lateral del muslo aumentaban el componente de tracción lateral sobre la rodilla favoreciendo la inestabilidad externa de la rótula.

d) Esguinces de rodilla.

Como ya vimos anteriormente los esguinces son distensiones o roturas del ligamento. La gravedad del esguince varía en función del número de fibras rotas.

Lo más frecuente en la rodilla son los esguinces del ligamento lateral interno o del ligamento cruzado anterior. El mecanismo habitual suele ser un aumento del valgo con una rotación tibial externa, por ejemplo, al caer de un salto donde la rodilla cae hacia dentro. Es una lesión que genera mucha sensación de inestabilidad, además de dolor e inflamación en la zona. A mayor inflamación e inestabilidad, mayor es la rotura del ligamento y por tanto más tiempo necesitamos de rehabilitación.

En la danza clásica al igual que en los Bailes Latinos son frecuentes las lesiones por una excesiva rotación externa de tibia al tener que mantener los pies en una posición abierta. Además en los Bailes Estándar las rodillas tienden a girar hacia dentro (Tsien & Trepman, 2001). Por ejemplo, en la posición de estándar la pierna que oscila mantiene una posición en valgo. En estos casos todo el compartimento interno de la rodilla (cápsula y ligamento lateral interno) está en tensión, y un mal gesto podría llegar a romperlos.

Aquí es importante recalcar que, para un buen funcionamiento de la rodilla, la rótula debe caer siempre encima del 2º dedo del pie.

e) Tendinopatía rotuliana.

El cuádriceps está formado por cuatro músculos que comparten inserción en la tibia a través del tendón rotuliano.

De las tendinopatías ya hablamos ampliamente en el apartado del tobillo. Sin embargo en lo referente a la rodilla hay que saber que lo más frecuentes son las tendinopatías en la unión osteotendinosa del tendón rotuliano debido a saltos repetitivos que se realizan en algunos bailes como en el Jive, la Samba o el Quickstep, muchas veces sobre una sola pierna (Ching, 2012).

Prevención

a) Equilibrar la musculatura.

El valgo fisiológico de la rodilla, donde el fémur tiende a la rotación interna y la tibia tiende a la rotación externa, genera tensión en los ligamentos de la rodilla, especialmente en el ligamento interno. Además, el desplazamiento lateral de la rótula es la causa de la mayoría de luxaciones y dolores femoropatelares.

Si queremos prevenir lesiones necesitamos que la musculatura trabaje correctamente. Por un lado, es importante hacer ejercicios específicos para el compartimento interno del cuádriceps (vasto medial) y estirar la musculatura que forma parte del compartimento lateral del muslo, especialmente el vasto externo. Y por otro lado, fortalecer los rotadores externos de la cadera para así disminuir la torsión que se da entre la tibia y el femur.

b) Trabajar el cuádriceps.

Otro de los mecanismos que auxilian la rótula es el trabajo del cuádriceps. El cuádriceps está formado por cuatro músculos que un poco antes de llegar a la rodilla se convierten en tejido conectivo, semejante a una tela que abraza la rodilla en su cara anterior y lateral. Estas expansiones del cuádriceps suponen otro refuerzo para los ligamentos laterales de la rodilla, aumentando su estabilidad.

5.1.3. La cadera

La cadera es una articulación muy estable. Se encuentra entre la cabeza del fémur y el acetábulo de la pelvis. El acetábulo es una superficie cóncava y profunda que abraza a la cabeza femoral. Alrededor del acetábulo tenemos un anillo de fibrocartílago al que llamamos rodete acetabular, que hace más profunda esta cavidad. Gracias a esto, la superficie esférica de la cabeza femoral encaja perfectamente dentro del acetábulo. Además, está envuelta por una cápsula y ligamentos que la hacen más estable.

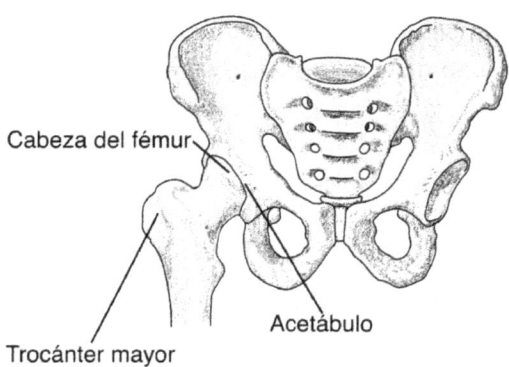

Figura 4. La cadera.

La cadera trabaja continuamente en compresión debido a las fuerzas ascendentes que provienen del suelo y a las fuerzas descendentes de la gravedad y del peso del cuerpo. Dentro de la articulación hay una presión negativa que "absorbe" la cabeza del fémur hacia el interior de la cavidad. Si los tejidos blandos que rodean la articulación (la cápsula y el rodete) están intactos, la articulación conserva su unión. Pero en el momento que se fisure algún tejido, como una rotura del rodete acetabular por ejemplo, esta presión negativa se pierde.

Por último, hay dos grupos de músculos que estabilizan la cadera. Los primeros son los que mediante su contracción mantienen la cabeza femoral dentro del acetábulo: los pelvitrocantéreos y los glúteos medio y menor. Y en el segundo grupo tenemos los músculos que se encargan de estabilizar la pelvis transversalmente, evitando que caiga hacia un lado cuando nos apoyamos sobre una sola pierna como se ve en la figura 6: el glúteo medio y menor y el tensor de la fascia lata.

Lesiones de la cadera

a) Síndrome de la cadera en resorte.

Es un problema que cursa con chasquido y a veces dolor en la cara anterior o lateral de la cadera. Cuando el chasquido proviene de la cara anterior hablamos de cadera en resorte interna y se debe a un exceso de tensión del psoas-ilíaco, que durante los movimientos de la cadera se desplaza por encima de la cabeza femoral. Cuando el chasquido viene de la cara externa hablamos de cadera en resorte externa por el paso de la cintilla iliotibial sobre el trocánter mayor. El trocánter mayor es una protuberancia ósea que se encuentra en la cara lateral del fémur justo debajo de la cabeza femoral. La cadera en resorte externa se debe a la tirantez de la cintilla iliotibial y/o la debilidad de los abductores de cadera. Si estos músculos no estabilizan la pelvis lateralmente, ésta cae hacia un lado haciendo que "nos sentemos" y que el trocánter mayor sobresalga. Cuando solo hay chasquido no le debemos dar importancia. Pero si el roce entre el tendón y el hueso continúa, el tendón del psoas-ilíaco o la cintilla iliotibial se pueden dañar y producir dolor (Howse, 2011).

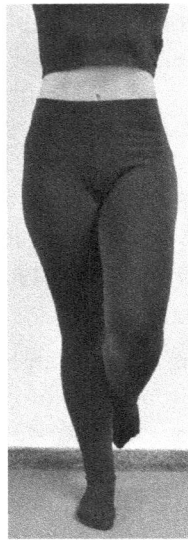 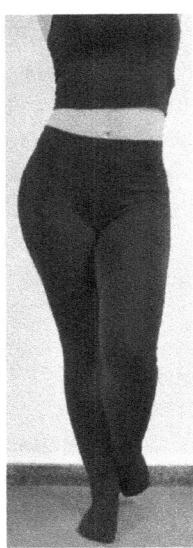

Figura 5. Pelvis correctamente colocada.   *Figura* 6. Pelvis caída por insuficiencia de la musculatura abductora.

Entre el trocánter mayor y la cintilla iliotibial existe una bursa que se puede inflamar si la comprimimos o la irritamos. Las causas de una bursitis trocantérea son las mismas que las de la cadera en resorte externa.

b) Bursitis trocantérea.

En Baile Deportivo son frecuentes los movimientos rápidos y bruscos de las piernas que ponen en peligro la integridad de los tejidos. Las distensiones musculares son roturas microscópicas de la musculatura por sobreestiramientos del tejido. En las distensiones no existe una rotura macroscópica de las fibras musculares como ocurre en los desgarros o roturas. Suelen suceder por un estiramiento excesivo, una contracción brusca o una contracción excéntrica (contracción del músculo mientras se mantiene estirado). En función del número de fibras rotas, el tratamiento y la recuperación necesitarán mayor o menor duración. Muchas veces el desgarro ocurre en la inserción muscular y puede arrancar un fragmento óseo complicando todavía más la lesión. Otras veces se rompe la zona de unión entre el músculo y el tendón (unión miotendinosa) (Hall & Brody, 2006).

En el momento de la lesión se oye un chasquido y el bailarín siente un dolor muy agudo, que va acompañado de hemorragia e hinchazón. A veces la hemorragia o hematoma no aparecen, pero esto no significa que el tejido no esté dañado, sino que hay una hemorragia interna. En estos casos la lesión es más grave.

c) Distensión y desgarro muscular.

La cadera es una articulación con mucha estabilidad y por tanto poca movilidad, ya que cuanto más estable y rígido es algo, menos movilidad tiene; y la cadera por su forma ósea y articular va a tender a la estabilidad.

d) Pinzamiento femoroacetabular.

Sin embargo, en la danza se suelen exigir movimientos demasiado amplios. Cuando levantamos la pierna, los huesos de la cadera pueden chocar entre ellos (pinzamiento femoroacetabular) y si este choque es continuo puede afectar a algún fragmento óseo.

Podemos sospechar de un pinzamiento femoroacetabular si el bailarín siente dolor en la cara anterior de la cadera cuando lleva la pierna en flexión y rotación interna (como queriendo llevar la rodilla hacia el hombro contrario).

e) Síndrome del piramidal.

El piramidal es un músculo profundo de la región glútea que va desde la cara anterior del sacro hasta el trocánter mayor. Es un músculo que puede irritar el nervio ciático si lo comprime y en esos casos produce una sintomatología similar a la temida ciática.

En estos casos es importante acudir a un fisioterapeuta que solucione esta patología lo antes posible, pues puede llegar a ser muy incapacitante.

Prevención

a) Respetar los límites óseos.

No todos los bailarines tienen el mismo cuerpo. Existen variaciones anatómicas que hacen a cada bailarín único y diferente, y siempre se debe respetar su individualidad y no comparar con el resto de compañeros.

La cadera es una estructura que puede variar de un bailarín a otro. Existen caderas que permiten movimientos más amplios y caderas cuyos movimientos son más reducidos. Es algo congénito y que no podemos cambiar. Una persona que tenga limitados los movimientos de la cadera por la forma de sus huesos debe respetar esos límites. Si intenta forzarlos la cadera sufrirá, y las zonas inmediatamente superiores (lumbares) y/o inferiores (rodilla, tobillo, pie) pueden verse afectadas.

b) Equilibrar la musculatura de la cadera.

En los Bailes Latinos donde los movimientos son muy rápidos y fuertes, necesitamos que la pelvis sea lo más estable posible para que todos los músculos que se insertan en ella trabajen correctamente.

Como ya vimos en el apartado de lesiones, la falta de estabilidad lateral de la cadera es un factor importante de lesión. Cuando los músculos abductores no trabajan y "nos sentamos sobre la cadera", la pelvis modifica su posición. Por ello necesitamos fortalecer los estabilizadores laterales de cadera, en especial el glúteo medio.

5.1.4. La cintura pélvica

La cintura pélvica, también conocida como pelvis, se sitúa entre el tronco y las extremidades inferiores. Está formada por el sacro (con el coxis) en el centro y por los dos huesos ilíacos en los laterales.

El sacro aparece a continuación de la columna lumbar y es la fusión de 5 vértebras. Tiene forma de triángulo invertido con un platillo sacro en su cara superior. El coxis, a continuación del sacro, es la fusión de 3 a 5 vértebras (varía según el individuo). Entre estos dos huesos la articulación está soldada, por lo que sacro y coxis se mueven como uno solo. Los ilíacos son los huesos que se sitúan en los laterales de la pelvis y están divididos en tres partes: el ilion, el isquion y el pubis.

La unión de los tres huesos de la pelvis se produce gracias a tres articulaciones: la sínfisis del pubis por delante y las dos articulaciones sacroilíacas por detrás.

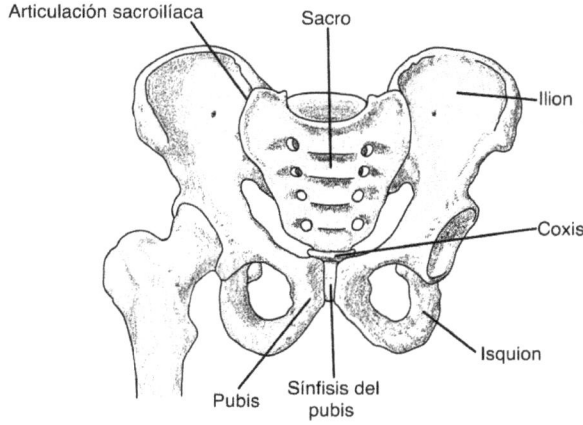

Figura 7. La cintura pélvica.

Cuando estamos de pie y las dos piernas están fijas en el suelo, la pelvis puede realizar movimientos en los tres planos, pero aquí haremos mención a dos de ellos: uno de inclinación anterior (anteversión) y otro de inclinación posterior (retroversión). Cuando estos movimientos son muy amplios implican a la columna lumbar, aumentando su curvatura cuando hacemos anteversión pélvica y disminuyendo la curvatura con la retroversión. Una pelvis neutra sería aquella en la que no existen inclinaciones ni hacia delante ni hacia detrás, y es la posición ideal para el buen funcionamiento de la región lumbo-pélvica.

En el apartado "Prevención" hablaremos más detenidamente acerca de estos movimientos pélvicos y de cómo en los Bailes Latinos se exige una inclinación pélvica anterior.

5.2. LA COLUMNA VERTEBRAL

La columna vertebral es una estructura compuesta por 33 vértebras que se extiende desde el cráneo hasta el cóccix. Debe cumplir las funciones arquitectónicas de una columna (soporte y transmisión del peso) y a su vez debe ser móvil ("vértebra", del latín *vertere*, significa girar).

Las vértebras se mantienen unidas mediante tres articulaciones: un disco intervertebral y dos articulaciones cigapofisarias.

El disco intervertebral es una almohadilla fibrocartilaginosa entre los cuerpos vertebrales. Está compuesto por dos partes: un anillo fibroso y un núcleo pulposo. El anillo fibroso es un anillo que rodea el núcleo y está formado fundamentalmente por láminas concéntricas de colágeno tipo 1 (un tipo de proteína muy resistente). El núcleo pulposo es una masa gelatinosa que se encuentra dentro del anillo fibroso y está compuesta principalmente por agua (en un 80%). El disco se mantiene hidratado gracias a la presencia de proteoglicanos (un tipo de proteínas que atraen y retienen el agua). A lo largo del día la presión continua sobre el disco intervertebral hace que el disco pierda agua y disminuya de tamaño. Sin embargo, cuando quitamos presión al disco (al dormir) sucede lo contrario, los proteoglicanos reabsorben el agua perdida y el disco se vuelve a hinchar. Esto explica por qué perdemos altura a lo largo del día y sin embargo por la mañana somos más altos.

Por otro lado, las articulaciones cigapofisarias unen los cuerpos vertebrales por detrás mediante las apófisis articulares. Son las encargadas de guiar los movimientos mientras que el disco es el encargado de soportar y amortiguar el peso.

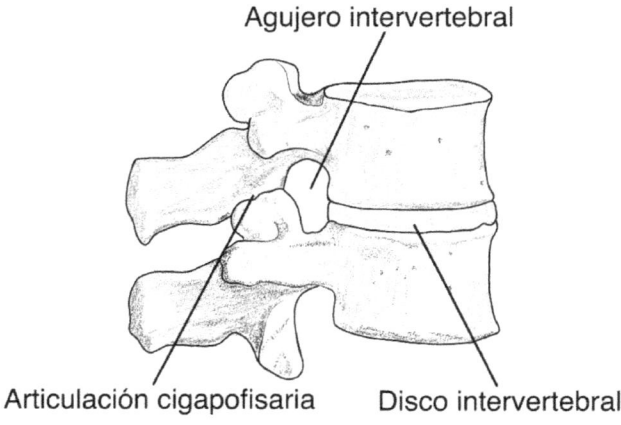

Figura 8. Disco intervertebral y articulaciones cigapofisarias.

La columna vertebral está dividida en cuatro regiones. Una columna cervical compuesta por siete vértebras (C1-C7) y que tiene 3 funciones importantes: sostener el peso de la cabeza, proteger al sistema nervioso central y mover la cabeza y el cuello. Una columna dorsal con doce vértebras (D1-D12) y con muy poca movilidad por la presencia de las costillas. Y una columna lumbar con 5 vértebras (L1-L5) y que continúa con el sacro y el coxis (región sacro-coccígea), de los que ya hemos hablado en el apartado 5.1.4.

Las dos primeras vértebras cervicales son vértebras especiales. La primera es la que sostiene directamente el peso de toda la cabeza y por eso también es conocida como atlas, por el titán que debía soportar el peso de la bóveda celeste. Articula con el hueso occipital para producir el movimiento de flexo-extensión de la cabeza. C2 o axis es la segunda vértebra cervical y articula con el atlas para producir el 50% de la rotación de la cabeza.

La columna vertebral, vista de perfil, no es completamente recta. Podemos ver cuatro curvas que se corresponden con los cuatro segmentos. Hay dos curvas que son cóncavas por detrás (la lordosis cervical y la lordosis lumbar) y dos curvas que son cóncavas por delante (la cifosis dorsal y la cifosis sacrococcígea).

Los ligamentos y los músculos profundos son un soporte esencial para la columna. Sin estos elementos seríamos incapaces de estar de pie y de mantener las vértebras alineadas. Los músculos más profundos llamados multífidos son unos músculos muy cortos que van de una vértebra a otra y cuya función es erguir la columna, evitando que nos hundamos hacia abajo. Por encima de los multífidos hay otros tres músculos que recorren toda la columna. Son los erectores de la columna (el espinoso, el longísimo y el iliocostal) que la enderezan y extienden, evitando que nos caigamos hacia delante. En un plano un poco más superficial tenemos los dos serratos menores posteriores que son músculos de la respiración. Y finalmente encontramos la musculatura superficial que es la que se encarga de los movimientos amplios de la espalda. Son el trapecio, el dorsal ancho, los romboides mayor y menor, el angular de la escápula, los escalenos y el esternocleidooccipitomastoideo (ECOM).

Lesiones de la columna vertebral

En el Baile Deportivo la columna está sometida a grandes tensiones y dependiendo del movimiento que produzca la lesión se pueden dañar distintos elementos.

Como vimos en la figura 8, cada vértebra transmite su peso a las vértebras inferiores a través de un "trípode vertebral". Las patas de este trípode corresponden a las tres articulaciones intervertebrales: cada articulación cigapofisaria recibe un 15% del peso y el disco el 70% restante. Si esta regla del trípode no se cumple la vértebra deja de ser estable.

a) Lesiones por extensión.

Son lesiones causadas por movimientos de extensión y/o por un aumento de la lordosis fisiológica (hiperlordosis). En estos casos la regla del trípode se pierde y las estructuras posteriores (las articulaciones cigapofisarias) reciben más carga de la que deberían.

-Espondilólisis y espondilolistesis.

Estas lesiones suelen ocurrir en las dos últimas vértebras lumbares donde el movimiento de extensión se reproduce con mayor facilidad. Si este movimiento no es frenado por los ligamentos y músculos de la zona, las vértebras pueden romperse (espondilólisis). En el caso de que la vértebra no solo se rompa, sino que termine deslizándose hacia delante sobre la vértebra que se encuentra por debajo, hablaríamos de una espondilolistesis (Howse, 2011).

Si durante los Bailes Latinos se arquea mucho la región lumbar sin tener un buen control muscular, el bailarín o bailarina en cuestión corre el riesgo de sufrir este tipo de lesiones.

-Radiculopatía.

En casos más graves las lesiones podrían llegar a repercutir sobre el Sistema Nervioso (Tsung & Mulford, 1998). Cada vértebra cuenta con dos agujeros intervertebrales, uno a cada lado, para el paso del nervio raquídeo desde la médula hacia el resto del cuerpo. Cuando el diámetro de este agujero disminuye, la raíz nerviosa se comprime y produce un dolor irradiado hacia las extremidades (superiores en el caso de las raíces cervicales e inferiores en las raíces lumbosacras) (Torres Cueco, 2008).

En la posición de Estándar la bailarina debe mantener la cabeza rotada hacia el lado izquierdo y los agujeros de conjunción de la columna cervical del lado izquierdo se estrechan. Si la bailarina deja que el peso de su cabeza caiga hacia atrás por un mal control de la musculatura (McCabe, Ambegaonkar, Wyon, & Redding, 2014) (Riding, Hopkins, Vehrs, & Draper, 2013), este agujero se hará todavía más estrecho, y cuanto más pequeño, más posibilidad de comprimir las raíces nerviosas.

Como podemos ver en la figura 9 a veces las bailarinas fuerzan el cuello echándolo hacia atrás para dar la impresión de mayor extensión. En estos casos es importante incidir en que la bailarina intente alargar el cuello manteniendo la cabeza alineada con el resto de la columna, en lugar de simplemente extenderlo, como se ve en la Figura 10.

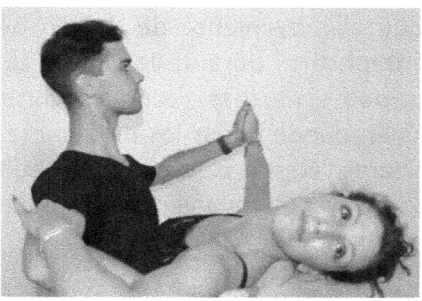

Figura 9. Posición de Estándar mal ejecutada.

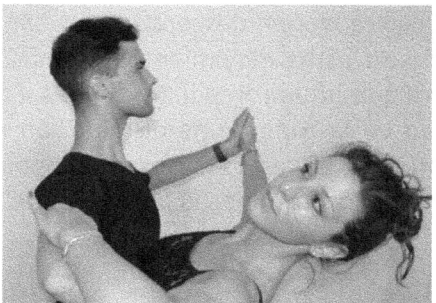

Figura 10. Posición de Estándar correctamente ejecutada.

b) Lesiones por flexión.

Son lesiones causadas por movimientos de flexión de la columna y/o por una disminución de la lordosis fisiológica (rectificación o inversión de la curva). En estos casos el peso del cuerpo recae más hacia delante y el disco intervertebral recibe más peso.

-Protusión y hernia discal.

Para que un disco intervertebral esté en las mejores condiciones necesitamos que la carga que recibe sea óptima y que se mantenga hidratado gracias a los proteoglicanos. Si aumentamos la presión sobre el disco lo podemos deformar (protusión) e incluso fisurar el anillo y llegar a romperlo (hernia discal). Cuando el anillo se rompe y el núcleo sale hacia fuera puede irritar los tejidos circundantes produciendo dolor si afecta a un ligamento y/o irradiación hacia las extremidades si contacta con los nervios. Sabemos que la presión discal en L5-S1 durante la flexión es cinco veces mayor que durante la extensión (Nachemson, Schultz, & Berkson, 1979). Esto explica por qué un movimiento en flexión es dañino para los discos intervertebrales.

A pesar de que el movimiento de flexión de la columna no es habitual en el Baile Deportivo, durante los Bailes Latinos la columna se mueve a gran velocidad y muchas veces sin control. Este exceso de hipermovilidad también puede dañar los discos intervertebrales. De ahí que sea tan importante como veremos más adelante fortalecer la musculatura profunda de la columna vertebral y del abdomen.

c) Esguinces cervicales.

Esta lesión es conocida como "enganchón de cuello o de espalda". En Latinos se ejecutan movimientos rápidos y bruscos con la cabeza y con la pelvis, incluso a veces descontrolados. Si los ligamentos se sobreestiran en uno de estos movimientos, la musculatura se contrae como un reflejo para que no se rompan los tejidos. El bailarín presentará un dolor muy agudo en la zona y una disminución de la movilidad del cuello o de la espalda. En estos casos es importante acudir a un profesional para reducir los síntomas lo antes posible.

d) La escoliosis.

La escoliosis es una patología que consiste en la presencia de curvas en el plano frontal (viendo la columna vertebral de frente). Existen dos tipos de escoliosis: la escoliosis funcional y estructural. La primera no es una escoliosis real sino más bien una actitud escoliótica, donde las vértebras se inclinan y producen curvas, pero no rotan. El origen es postural o biomecánico, por ejemplo, una persona con una pierna más corta que necesita que su columna se adapte para no caerse hacia un lado. En este tipo de escoliosis hay que eliminar la causa del problema, en este caso colocando un alza para corregir la dismetría de los miembros inferiores. Sin embargo, la escoliosis estructural es una verdadera escoliosis donde además de la inclinación lateral de las vértebras también hay rotación. Aquí la causa suele ser idiopática (de origen desconocido).

Las curvas de la escoliosis, sea funcional o estructural, suelen ser generalmente simples o dobles, y las podemos encontrar en cualquier parte de la columna. Cuando hablamos de escoliosis dorsal derecha significa que la curva (la parte convexa) está en el lado derecho de la columna dorsal. Sin embargo, en la escoliosis lumbar izquierda, la curva estaría a la izquierda de la columna lumbar.

Por lo tanto, en las escoliosis tendremos siempre un lado abierto y uno cerrado. En el lado convexo (abierto) todos los tejidos están sometidos a tensión y alargamiento, y en el lado cóncavo (cerrado) a compresión y acortamiento. Debemos usar técnicas y ejercicios para "abrir" el lado cerrado y "cerrar" el lado abierto.

Prevención

Hay cuatro factores fundamentales para el cuidado de la espalda: respetar las curvas fisiológicas, trabajar con una pelvis neutra, activar la musculatura del segmento central y mantener la movilidad de todos los segmentos.

a) Respetar las curvas fisiológicas.

Las cuatro curvas del raquis son curvas fisiológicas y su función es mantener nuestros discos intervertebrales en las mejores condiciones. Cada vez que camino, corro, salto o bailo, nuestro cuerpo sufre un impacto y los discos intervertebrales se comprimen. Estas curvas le confieren a nuestra columna la característica de un muelle, amortiguando esos choques verticales y disipando las fuerzas de compresión. La resistencia de una columna es proporcional al cuadrado del número de curvaturas más uno (Resistencia = Número de curvas^2 +1) (Kapandji, 1998). La columna tiene 4 curvas, de las cuales solo 3 son móviles y poseen disco intervertebral (sacro y cóccix no tienen disco). Por ello R=3^2+1. Esto significa que los discos se encuentran 10 veces más protegidos si se mantienen las cuatro curvas de la columna.

Sin embargo, las curvas pueden ser más o menos pronunciadas dependiendo de la persona. Esto es así porque cada individuo presenta características anatómicas diferentes. Por ejemplo, puede suceder que un bailarín tenga un platillo sacro más horizontal y que por ello su lordosis lumbar sea menor; o por el contrario tenga un platillo sacro verticalizado y su curva lumbar aumente. También a veces se confunden las características físicas, como tener unos glúteos muy prominentes, con tener un verdadero arqueamiento lumbar. La tendencia en los bailarines de Baile Deportivo es a tener espaldas más rectas que otros atletas (Kruusamäe et al., 2015).

En cualquier caso, lo importante es respetar la individualidad de cada persona y trabajar de acuerdo con las características propias de cada uno. Y saber que lo importante no es la forma, sino la función. Si existe una rectificación cervical, pero la movilidad y estabilidad del cuello es buena y no hay dolor, entonces no hay problema.

b) Pelvis neutra.

La hiperlordosis lumbar puede producir dolor y daños en la parte baja de la espalda y por ello se tiene que evitar. Sin embargo, hay bailarines que en un intento de corregir esta posición consiguen el efecto contrario: una rectificación o inversión de la curva. Cuando queremos que nuestra columna lumbar esté correctamente alineada (respetando la curva fisiológica) tenemos que buscar una posición neutra de nuestra pelvis, es decir ni en anteversión (asociada a una hiperlordosis lumbar) ni en retroversión (asociada a una rectificación o inversión de la curva) (Haas, 2010). La manera de conseguir esta posición es colocar el pubis y las dos espinas ilíacas anterosuperiores (EIAS) en el mismo plano.

Para localizar las EIAS tenemos que encontrar primero las crestas ilíacas que son los dos huesos que hay a la altura de la cintura (en la posición de "brazos en jarra" las manos se sitúan justo encima de las crestas ilíacas). Si recorremos estos dos huesos hacia delante, encontraremos dos pequeñas protuberancias óseas: las EIAS. Si ponemos los talones de nuestras manos en las EIAS y dirigimos los dedos hacia el pubis, estos tres puntos tienen que estar en un mismo plano. De no ser así estaríamos ante una anteversión pélvica en el caso de que los dedos quedaran por detrás (pubis posterior) o retroversión pélvica si los dedos quedan por delante (pubis anterior).

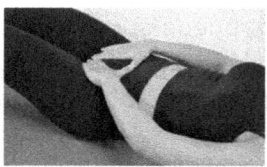 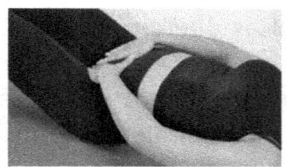 

Figura 11. La pelvis neutra.   *Figura* 12. Pelvis en anteversión.   *Figura* 13. Pelvis en retroversión

A pesar de que para gozar de una buena salud lumbopélvica lo ideal es una pelvis neutra, durante los Bailes Latinos la pelvis se inclina hacia delante como en la figura 12 y los movimientos repetitivos de la pelvis en toda su amplitud pueden generar sobrecarga y dolor en la zona lumbar. Por ello es importante mantener una buena rutina de estiramientos al finalizar la jornada de entrenamientos y competiciones, además de aprender a trabajar con la musculatura del segmento central activada durante todo el baile, de la que hablaremos a continuación.

c) Activar la musculatura del segmento central.

En el caso de los Bailes Estándar la mujer tiene que extender la columna dorsal alta mientras que el resto del cuerpo debe permanecer en contacto con la pareja de baile. Sin embargo, esto no siempre es fácil. ¿Por qué? Porque las dorsales tienen muy limitada la extensión y una bailarina mal entrenada posiblemente consiga este movimiento forzando las lumbares.

La manera de conseguir esta posición sin forzar las lumbares es activando la musculatura del segmento central, que son los músculos profundos de la columna (los multífidos y los erectores) y los cuatro músculos abdominales. Los multífidos nos permiten elongar la columna y los erectores extenderla. En cuanto a los abdominales el transverso del abdomen es el abdominal más profundo y actúa como un "corsé" abarcando todo el abdomen hasta las cinco vértebras lumbares. Es el principal estabilizador. Por encima están los dos oblicuos que conectan las costillas con la pelvis y tienen un papel esencial en mantener las costillas "cerradas" llevándolas hacia dentro y hacia abajo. Y el recto anterior es el más superficial de los cuatro. No tiene un papel estabilizador pero evita que la pelvis se vaya en anteversión (Haas, 2010). El trabajo de toda esta musculatura permite a la bailarina extender la columna de manera correcta sin sobrecargar las lumbares.

Por otro lado, en Latinos la columna realiza movimientos muy rápidos y bruscos, y si no es lo suficientemente estable y resistente corre el riesgo de sufrir algún esguince, distensión capsular y/o muscular. Por ello trabajar el segmento central también nos ayudará a mantener las vértebras alineadas durante los Bailes Latinos (Ambegaonkar, Rickman, & Cortes, 2012). Además, como ya hemos comentado, durante los Bailes Latinos la pelvis se coloca en una ligera anteversión favoreciendo el riesgo de sobrecarga y lesión en la parte baja de la espalda. Por ello mismo es necesario y fundamental que la musculatura de la pared abdominal trabaje de manera excéntrica durante este tipo de bailes.

d) Mantener la movilidad de todos los segmentos.

El movimiento de la columna se produce gracias al movimiento de cada vértebra con respecto a sus vértebras vecinas superior e inferior. Si perdemos el movimiento natural de uno o más cuerpos vertebrales, haremos que otros segmentos deban trabajar más de lo habitual para mantener la movilidad global de la columna. Esto hace que mientras unas zonas no se mueven, zonas de hipomovilidad, otras estén sobrecargadas, zonas de hipermovilidad. Con ello se generan desequilibrios que pueden hacer que nos lesionemos. Por ejemplo, si las vértebras C7 y D1 (última cervical y primera dorsal) no se mueven todo lo que deben, las dos vértebras inmediatamente superiores (C5 y C6) comenzarán a moverse más de lo habitual para compensar la falta de movilidad de C7 y D1. Por lo que los discos intervertebrales relacionados con C5 y C6 están destinados a sufrir más daños.

Es importante acudir a un fisioterapeuta especializado en terapia manual cada cierto tiempo, para revisar que la movilidad y la función de todos los segmentos vertebrales sea óptima.

5.3. EL MIEMBRO SUPERIOR

5.3.1. La cintura escapular y el hombro

La cintura escapular es un anillo óseo que conecta las extremidades superiores con el tronco. Está formada por dos escápulas, el esternón y dos clavículas.

La escápula, también conocida como omoplato, tiene forma de triángulo y está situada en la cara posterior de la caja torácica, justo encima de las costillas. En su borde lateral presenta una superficie cóncava llamada cavidad glenoidea que es donde se acoplará la cabeza humeral para la articulación del hombro o articulación glenohumeral. La escápula cuenta con dos prominencias óseas importantes: el acromion por arriba y la apófisis coracoides por delante, estando ambas unidas entre sí por el ligamento coracoacromial. Estas tres estructuras forman el arco coracoacromial del que hablaremos más adelante, ya que está muy involucrado en los problemas del hombro. Por otro lado, la clavícula tiene forma de S vista desde arriba y se une al acromion en su extremo lateral (articulación acromioclavicular) y al esternón en su extremo medial (articulación esternoclavicular).

Además de estas tres articulaciones, la cintura escapular cuenta con dos uniones extra que anatómicamente no son verdaderas articulaciones. Por un lado, tenemos la articulación escapulotorácica entre la parrilla costal y el omoplato. Y por otro lado tenemos la articulación subacromial entre el arco coracoacromial por arriba y la cabeza del húmero por abajo. Al espacio que queda entre ambas estructuras le llamamos espacio subacromial y es el lugar por donde pasan el tendón del supraespinoso, el tendón de la cabeza larga del bíceps y las bolsas subacromial y subdeltoidea.

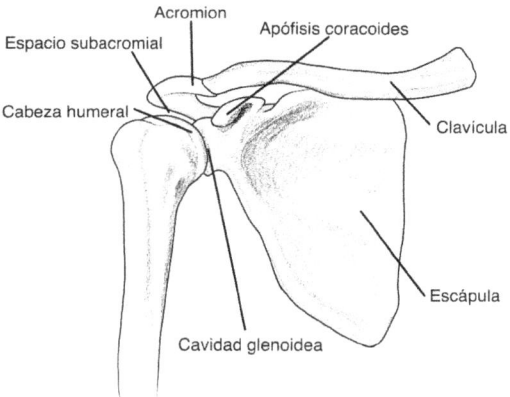

Figura 14. El hombro y el espacio subacromial.

El hombro es la articulación más móvil e inestable de todo el cuerpo humano. Como vemos en la figura 14, la cabeza humeral es una superficie redonda mientras que la cavidad glenoidea es una superficie ligeramente cóncava y poco profunda. Estas superficies no encajan del todo la una con la otra y necesitan elementos externos que faciliten dicha unión. Para ello la cavidad glenoidea tiene alrededor un anillo fibrocartilaginoso que aumenta su profundidad: el rodete glenoideo. Además, el hombro cuenta con un buen sistema capsulo-ligamentoso y con cinco músculos que coaptan la cabeza humeral e impiden que se desplace fuera de la articulación. Estos músculos son el manguito de los rotadores (formado por los músculos supraespinoso, infraespinoso, subescapular y redondo menor) y el tendón de la porción larga del bíceps.

Lesiones del hombro

a) Luxación de hombro.

Cuando la cabeza humeral sale fuera de su superficie articular hablamos de luxación de hombro.

La mayoría de las luxaciones del hombro son anteriores es decir, que la cabeza humeral sale hacia delante, y suelen suceder cuando el hombro está en una posición de abducción y rotación externa (Howse, 2011). Como vemos en la figura 15, esta posición del hombro es la que adquiere un bailarín de Estándar durante gran parte de la competición.

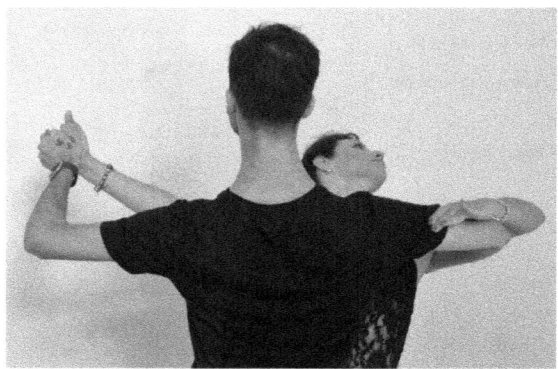

Figura 15. Posición de Estándar del hombre. Hombro en abducción y ligera rotación externa.

Las causas pueden ser traumáticas, como por ejemplo tras una caída o durante un porté en Latinos, y no traumáticas, pero en ambos casos la inestabilidad juega un papel protagonista ya que cuando un hombro es inestable aumentan las probabilidades de luxación. Por lo tanto, una parte fundamental de la rehabilitación será trabajar la parte activa de la estabilización, es decir fortalecer el manguito de los rotadores.

Muchas veces las luxaciones van acompañadas de desgarros de los tejidos circundantes como el rodete, los ligamentos y/o la cápsula, e incluso a veces de los tendones del manguito rotador, complicando la lesión.

b) Tendinopatía del supraespinoso.

Recordemos que el espacio subacromial es un espacio muy pequeño entre la cabeza del húmero y el arco coracoacromial por donde pasa el tendón del supraespinoso. La abducción del hombro se produce en gran medida gracias al deltoides. Pero cuando el deltoides se contrae también tracciona de la cabeza humeral hacia arriba y el espacio subacromial disminuye (compresión subacromial), comprimiendo el tendón del supraespinoso (Kapandji, 1998).

Por desgracia los bailarines de Estándar están muy predispuestos a sufrir esta patología porque deben mantener los dos hombros en una abducción mantenida, y si no son capaces de activar la musculatura que desciende el hombro, pinzarán el tendón del supraespinoso, con el consiguiente dolor y limitación de la movilidad.

En los Bailes Latinos también existe el riesgo de tendinopatía, especialmente si el bailarín o bailarina no controla el movimiento escapular asociado al hombro (ritmo escpulohumeral). En estos casos es importante una técnica lo más limpia y depurada posible, evitando movimientos descontrolados y descoordinados.

c) Bursitis.

Además del tendón del supraespinoso, en el espacio subacromial hay dos bolsas rellenas de líquido: las bolsas subacromial y subdeltoidea. Su función es proteger los tendones del roce con el arco coracoacromial. Cuando lo que se daña tras la compresión subacromial son estas bolsas, hablamos de bursitis (Clippinger, 2011a).

Los riesgos de sufrir una bursitis son similares a los de una tendinopatía, y por tanto el tratamiento será parecido.

Prevención

a) Conseguir un buen ritmo escapulohumeral.

Es fácil observar que cuando movemos el brazo la escápula también se mueve. Por ejemplo, cuando subimos el brazo la escápula gira sobre sí misma y hace una rotación externa (el borde inferior de la escápula se dirige hacia fuera y hacia arriba). El problema surge cuando los bailarines son incapaces de realizar esta rotación y elevan la escápula encogiendo los hombros. Esto por un lado produce una sobrecarga de los trapecios superiores, y por otro lado, a nivel estético, tampoco es deseable.

La rotación externa de la escápula permite que el acromion se aleje del húmero cuando subimos el brazo y no comprima los tejidos blandos. Por lo tanto, si un bailarín debe mantener sus brazos elevados durante una coreografía, necesitará que las escápulas hagan dos movimientos: uno de descenso y otro de rotación externa. Y esto se consigue gracias al trabajo de dos músculos: el trapecio inferior y el serrato anterior (Kapandji, 1998).

b) Deprimir la cabeza humeral.

Recordemos que durante la abducción del hombro el deltoides ejerce una tracción ascendente sobre la cabeza humeral. Para que la cabeza humeral descienda durante la elevación del brazo necesitamos que se activen 3 músculos del manguito de los rotadores: el músculo subescapular, el supraespinoso y el infraespinoso.

c) Evitar la rotación interna del hombro. Ganar rotación externa.

Otro movimiento accesorio importante para prevenir el conflicto subacromial es la rotación externa del hombro. Este movimiento permite al tubérculo mayor (una protuberancia ósea del húmero) pasar por detrás del arco coracoacromial. Mientras que la rotación interna del hombro se debe evitar, ya que disminuye el espacio subacromial al hacer que el tubérculo mayor choque contra el arco coracoacromial durante la elevación del brazo.

d) Estabilidad del hombro. Manguito rotador.

Hemos visto que el hombro es una articulación muy inestable. Por ello es importante conseguir la mayor congruencia y estabilidad posible. El manguito rotador (junto con la cabeza larga del bíceps braquial) además de impedir que la cabeza humeral ascienda cuando subimos el brazo, también la mantiene dentro de la cavidad glenoidea (Calais-Germain, 2010). Por ello, para prevenir luxaciones o subluxaciones, es muy importante fortalecer el manguito rotador, especialmente si hay inestabilidad y/o si el bailarín ha tenido episodios de luxación en el pasado.

5.3.2. El codo, la muñeca y la mano

El codo es la articulación que encontramos entre el hueso del húmero en el brazo y el radio y cúbito en el antebrazo. En el codo se producen dos movimientos: la flexo-extensión y la prono-supinación del antebrazo. Durante la flexión el codo se dobla y las caras anteriores de la mano y del antebrazo se aproximan, y durante la extensión se alejan. La prono-supinación es una rotación del antebrazo que se ve más claramente con el codo flexionado a 90º. La posición neutra sería cuando el codo está flexionado a 90º, con el pulgar hacia arriba y la palma de la mano mirando hacia dentro. La supinación sucede cuando la palma de la mano mira hacia arriba y la pronación si la palma de la mano mira hacia abajo.

La muñeca es la articulación formada entre el radio y el cúbito con los huesos de la mano. Los movimientos que realiza la muñeca son la flexión cuando las caras anteriores de la mano y del antebrazo se aproximan (como cuando vas a coger un objeto), la extensión cuando la cara anterior de la mano se aleja de la cara anterior del antebrazo, la aducción cuando el borde interno de la mano y del antebrazo se acercan y la abducción cuando se aproximan el borde externo de la mano y del antebrazo.

La mano por su parte cuenta con 27 huesos de los cuales ocho son los huesos del carpo, y que forman por dos filas de huesos muy pequeños que se sitúan entre la articulación de la muñeca y los dedos. Los metacarpianos y las falanges son los huesos que forman los dedos y se disponen longitudinalmente formando columnas óseas, una para cada dedo. Los dedos tienen la capacidad de moverse principalmente en flexión para poder coger cosas, en extensión para poder apoyarnos en el suelo, en aducción cuando queremos juntar los cinco dedos entre sí y en abducción si queremos separarlos.

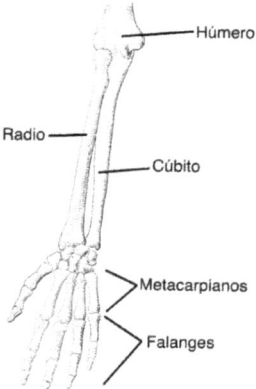

Figura 16. El codo, la mano y la muñeca.

Lesiones del codo, la muñeca y la mano

En los Bailes Latinos existe el riesgo de sufrir lesiones en la región distal del miembro superior debido a los movimientos bruscos que se realizan.

a) Epicondilitis o codo de tenista.

Es una lesión que se caracteriza por dolor local en la cara externa del codo debido a microdesgarros en los tendones y/o sobrecarga de la musculatura extensora de la muñeca. El dolor aparece al mover el codo y la muñeca, pero sobre todo durante movimientos contra resistencia.

Se suele producir por contracciones musculares de alta intensidad, por contracciones musculares repetitivas y/o por desequilibrios musculares y falta de preparación de la musculatura del antebrazo.

Inicialmente es importante eliminar la causa que ha producido dicha lesión: movimientos excesivos y repetitivos del codo, tirones realizados por la pareja de baile en Latinos o el exceso de entrenamiento. Mediante estiramientos, masaje, calor, fortaleciendo la musculatura y eliminando la causa podemos solucionar dicha lesión.

b) Subluxación o luxación de codo.

El codo, al igual que cualquier otra articulación sinovial, puede sufrir dislocaciones muchas veces por caídas al suelo con el codo en extensión completa. En este caso si la luxación ha sido completa es necesaria la intervención de un profesional sanitario e incluso muchas veces de intervención quirúrgica, ya que son lesiones que pueden ir acompañadas de fracturas óseas o de otro tipo de complicaciones por los vasos sanguíneos o nervios periféricos que atraviesan la zona.

En este caso la persona presentará una deformación visible, incapacidad para mover el codo y mucho dolor. Una vez reducida la luxación habrá un periodo de inmovilización especialmente si ha habido lesiones asociadas. Tras este periodo deberemos tratar la zona con movilizaciones, masaje, calor y ejercicios para recuperar la fuerza y elasticidad de los tejidos.

c) Esguince de muñeca y/o dedos.

Recordemos que un esguince es la rotura total o parcial de uno o varios ligamentos. En el caso de las articulaciones de muñeca y dedos existen multitud de ligamentos susceptibles a desgarros debido a tirones y caídas producidas o bien por la pareja de baile o bien por la coreografía que están representando.

Este tipo de esguinces cursan con dolor a la movilidad pasiva y activa, inflamación, edema y posible hematoma. Es primordial inmovilizar dichas articulaciones durante los primeros días mediante vendajes funcionales y/u ortesis, así como ayudar a disminuir el edema. Sin embargo, una vez ha comenzado el proceso de cicatrización y curación del esguince, debemos empezar con ejercicios de fortalecimiento y movilidad para evitar secuelas.

d) Fractura del escafoides.

El escafoides es un hueso de la mano, situado en la conocida "tabaquera anatómica", y la causa más común es una caída con la mano en hiperextensión.

Es una fractura que suele pasar desapercibida y que si no se diagnostica a tiempo puede traer complicaciones a largo plazo. En el caso de dolor en la muñeca, dolor a la palpación en la tabaquera anatómica y de dolor a la compresión axial del 1º y 2º dedo, debemos sospechar y realizar una radiografía.

Prevención.

a) Fortalecer musculatura intrínseca.

En la medida que la musculatura profunda de los dedos de la mano y de la muñeca esté activada, existe menos riesgo de luxación o esguince.

Para ello existen ejercicios con gomas elásticas, pelotas y pesas que nos pueden ayudar a fortalecer y darle estabilidad al conjunto de estas articulaciones.

b) Equilibrar la musculatura.

Muchas epicondilitis se deben a desequilibrios musculares. El exceso de tensión en la cara anterior del antebrazo y la falta de fuerza excéntrica de los extensores de muñeca pueden favorecer esta lesión. Por ello es importante estirar la musculatura flexora de la muñeca al mismo tiempo que fortalecemos de manera excéntrica los extensores.

5.4. CONCEPTOS Y ACLARACIONES

Para finalizar me gustaría comentar ciertos aspectos que creo son importantes para el bailarín.

a) ¿Qué es una lesión?

De acuerdo con la International Association for Dance Medicine and Science (IADMS) llamaremos lesión al "deterioro de un tejido anatómico diagnosticado por un profesional de la salud, que obliga a perder uno o más días de clases, ensayos o actuaciones".

La mayoría de lesiones ocurridas en la danza son musculoesqueléticas afectando a músculos, huesos y articulaciones. Y casi todas ellas ocurren debido a sobrecargas y microtraumatismos de los tejidos, y no por accidentes traumáticos como puede ser una caída.

b) ¿Por qué nos lesionamos?

A esta sobrecarga continua se le suman factores de riesgo que aumentan la probabilidad de lesión. Algunos de estos factores son inevitables: la edad, la genética, las exigencias físicas de cada baile y la estructura ósea y anatómica del bailarín. Es importante saber que el cuerpo de cada bailarín es único y debe respetarse su individualidad. Si desconoce sus límites anatómicos e intenta sobrepasarlos aumentarán sus probabilidades de lesión.

Pero también existen causas evitables: falta de preparación física, ausencia de calentamiento, una técnica incorrecta, una mala enseñanza, coreografía o estilo poco o nada familiar, el entorno (el suelo y la temperatura de la sala) y una mala calidad de vida (sueño, nutrición, hidratación, tabaco, alcohol...).

El entrenador tiene un papel fundamental en la salud de un bailarín. Un mal profesor o entrenador con escasez de conocimientos puede ser el principal causante de las lesiones en sus alumnos.

c) El reposo y el dolor.

Estar lesionado conlleva reposo relativo o absoluto y el bailarín debe dejar de reproducir el movimiento lesivo. Pero dejar de bailar es algo prácticamente imposible para muchos bailarines, especialmente si viven de ello. Ven el dolor como parte de su profesión y consideran las lesiones algo normal o incluso necesario en su carrera. Sin embargo, hay que saber parar a tiempo y buscar las medidas necesarias que nos puedan ahorrar sufrimiento a largo plazo.

d) ¿Cuál es el mejor tratamiento?

Es imposible evitar el 100% de las lesiones, pero podemos evitar muchas de ellas si nos centramos en la prevención, que es siempre el mejor tratamiento.

e) Los errores en la técnica.

Como ya hemos comentado, una de las causas más frecuentes de lesión en el bailarín es una técnica incorrecta. La mala ejecución de un paso o de un movimiento de manera repetida hará que el cuerpo sufra. Y esto con el tiempo conlleva dolores y lesiones sin una causa aparente.

Cuando una zona del cuerpo empieza a doler, y no ha habido un traumatismo (una caída, un golpe, etc.), lo más probable es que el problema resida en la mala ejecución de un movimiento o en un aumento repentino de la actividad, en duración y/o intensidad.

A la hora de bailar, los movimientos tienen que ser limpios, concretos y precisos. Un movimiento sucio, descoordinado y/o descontrolado es lesivo.

f) La importancia de la progresión.

Es común en los bailarines la ausencia de progresión en su baile. Muchos se lanzan a tomar clases de un nivel para el cual su cuerpo no está preparado y un bailarín debe estar entrenado y debe tener su cuerpo preparado para el tipo de coreografía que vaya a realizar. De no ser así, podrá estar haciendo la coreografía o el ejercicio que el profesor pide, pero no lo hará correctamente, pues no sabe cómo hacerlo.

Un bailarín debe trabajar fuera de la clase. Practicar aquellos movimientos básicos y fáciles, para que una vez en clase pueda hacer coreografías y ejercicios más complicados. Es como si un niño quiere aprender a multiplicar, cuando todavía no sabe sumar. Si no eres capaz de hacer lo sencillo y pequeño bien, lo complicado no lo harás o lo harás mal, sobrecargando estructuras que no deberías sobrecargar.

g) Tu cuerpo es único.

Algo que ya comentamos anteriormente es que debes conocer tu cuerpo, aceptarlo, respetarlo y aprender a trabajar con él. Si lo fuerzas a hacer movimientos para los cuales no está preparado, te lesionarás tarde o temprano.

En resumen, trabaja y prepara tu cuerpo para las demandas físicas que requiere el baile. Y ten paciencia. Roma no se hizo en un día, y un buen bailarín tampoco.

REFERENCIAS

Ambegaonkar, J. P., Rickman, A., & Cortes, N. (2012). Core Stability: Implications for Dance Injuries. Medical Problems of Performing Artists, 143–148.

Calais-Germain, B. (2010). Anatomía para el movimiento. Vol. 1, Vol. 1,. Barcelona: La liebre de marzo.

Calais-Germain, B., Lamotte, A., & Vives, N. (1991). Anatomía para el movimiento. Barcelona: Los Libros de la Liebre de Marzo.

Calais-Germain, B., & Raison, B. (2011). Pilates sin riesgo 8 riesgos del Pilates y cómo evitarlos. Barcelona: La Liebre de Marzo.

Ching, C. (2012). Sport injuries of Hong Kong DanceSport couples. Extraído de: http://libproject.hkbu.edu.hk/trsimage/hp/09012788.pdf

Clippinger, K. S. (2011a). Anatomía y cinesiología de la danza: principios y ejercicios para mejorar la técnica y evitar las lesiones más corrientes. Badalona: Paidotribo.

Clippinger, K. S. (2011b). Anatomía y cinesiología de la danza: principios y ejercicios para mejorar la técnica y evitar las lesiones más corrientes. Badalona: Paidotribo.

Cook, J. L., & Purdam, C. R. (2009). Is tendon pathology a continuum? A pathology model to explain the clinical presentation of load-induced tendinopathy. British Journal of Sports Medicine, 43(6), 409–416. https://doi.org/10.1136/bjsm.2008.051193

Fenwick, S. A., Hazleman, B. L., & Riley, G. P. (2002). The vasculature and its role in the damaged and healing tendon. Arthritis Research & Therapy, 4(4), 252.

Haas, J. G. (2010). Anatomía de la danza. Madrid: Tutor.

Hall, C. M., & Brody, L. T. (2006). Ejercicio terapéutico: recuperación funcional. Barcelona: Paidotribo.

Howse, J. (2011). Técnica de la danza: anatomía y prevención de lesiones. Barcelona: Paidotribo.

Kapandji, A. I. (1998). Fisiología articular. Madrid: Médica Panamericana : Maloine.

Kapandji, A. I., Saillant, G., & Torres Lacomba, M. (2015). Fisiología articular: dibujos comentados de mecánica humana. T. 3, T. 3,. Madrid: Editorial Médica Panamericana.

Kruusamäe, H., Maasalu, K., Wyon, M., Jürimäe, T., Mäestu, J., Mooses, M., & Jürimäe, J. (2015). Spinal posture in different DanceSport dance styles compared with track and field athletes. Medicina, 51(5), 307–311. https://doi.org/10.1016/j.medici.2015.08.003

McCabe, T. R., Ambegaonkar, J. P., Wyon, M., & Redding, E. (2014). Extension Neck Injury in Female DanceSport Competitors. International Journal of Athletic Therapy and Training, 19(3), 32–36. https://doi.org/10.1123/ijatt.2013-0083

Nachemson, A. L., Schultz, A. B., & Berkson, M. H. (1979). Mechanical properties of human lumbar spine motion segments. Influence of age, sex, disc level, and degeneration. Spine, 4(1), 1–8.

Nguyen, A.-D., & Shultz, S. J. (2009). Identifying relationships among lower extremity alignment characteristics. Journal of Athletic Training, 44(5), 511.

Riding, T., Hopkins, T., Vehrs, P., & Draper, D. O. (2013). Contributions of muscle fatigue to a neuromuscular neck injury in female ballroom dancers. Medical Problems of Performing Artists, 28(2), 84–90.

Schünke, M., Schulte, E., Schumacher, U., Voll, M., & Wesker, K. (2006). Prometheus: texto y atlas de anatomía. (A. Heimann, À. M. Vived, & G. Perramón Serra, Trans.). Buenos Aires Bogotá Caracas Madrid México Porto Alegre: Editorial Médica Panamericana.

Silva, A. M., de Siqueira, G. R., & da Silva, G. A. P. (2013a). Implications of high-heeled shoes on body posture of adolescents. Revista Paulista de Pediatria: Orgão Oficial Da Sociedade de Pediatria de São Paulo, 31(2), 265–271.

Silva, A. M., de Siqueira, G. R., & da Silva, G. A. P. (2013b). Implications of high-heeled shoes on body posture of adolescents. Revista Paulista De Pediatria: Orgao Oficial Da Sociedade De Pediatria De Sao Paulo, 31(2), 265–271.

Torres Cueco, R. (2008). La columna cervical: síndromes clínicos y su tratamiento manipulativo. Tomo II, Tomo II,. Madrid: Editorial Médica Panamericana.

Tsien, C. L., & Trepman, E. (2001). Internal rotation knee injury during ballroom dance: a case report. Journal of Dance Medicine & Science., 5(3), 82–86.

Tsung, P. A., & Mulford, G. J. (1998). Ballroom dancing and cervical radiculopathy: A case report. Archives of Physical Medicine and Rehabilitation, 79(10), 1306–1308.

Capítulo 6
Composición óptima de la dieta de un bailarín deportivo

En primer lugar, empezamos este capítulo diferenciando dos conceptos, alimentación y nutrición:

Gil (2011) en su obra *Manual de Nutrición Deportiva* define lo siguiente:

- Lo que conocemos como alimentación es el proceso de elección, preparación e ingesta de los alimentos. Al ser un proceso voluntario y consciente, la calidad del mismo dependerá de factores educacionales, económicos y socioculturales.
- Y nutrición es: «El conjunto de procesos fisiológicos mediante los cuales el organismo se aprovecha de las sustancias contenidas en los alimentos, para incorporarlas a sus propios órganos y tejidos».

Las sustancias que forman los alimentos las llamamos nutrientes y las podemos clasificar según su función dentro de nuestro organismo en:

- Energéticas. El organismo necesita energía para su funcionamiento interno, esto es, para que sigan ocurriendo todos los procesos fisiológicos, desde las reacciones químicas hasta el movimiento del aparato digestivo o el mantenimiento del pulso cardíaco. Pero también necesita energía para el mantenimiento de la temperatura corporal y para el propio movimiento o trabajo físico.
- Formación de otros compuestos. Algunos nutrientes se transforman en otras sustancias también necesarias para el funcionamiento orgánico, como, por ejemplo, los ácidos biliares que sirven para ayudar a digerir las grasas.
- Estructurales. También llamadas plásticas, por su capacidad para formar tejidos, como algunos minerales que forman parte del tejido óseo o como las proteínas que forman los músculos.

- Almacenamiento. El organismo almacena algunos nutrientes sin modificarlos y otros, sufriendo una transformación química. Los ejemplos más conocidos los constituyen las grasas y el glucógeno.

La nutrición es esencial para la mejora efectiva del Baile Deportivo: el rendimiento, el acondicionamiento, la recuperación de la fatiga después del ejercicio, y evitar lesiones.

Existen varios factores dietéticos que pueden influir en las consideraciones biomecánicas, psicológicas y fisiológicas en el deporte. Por ejemplo, la pérdida del exceso de grasa corporal mejorará la eficiencia biomecánica, el consumo de hidratos de carbono durante el ejercicio puede mantener los niveles normales de azúcar en sangre y prevenir la fatiga y finalmente el consumo adecuado de hierro puede asegurar el aporte óptimo de oxígeno a los músculos, todos estos factores nutricionales pueden suponer un impacto favorable en el rendimiento deportivo (Williams, 2002).

6.1 TIPOS DE NUTRIENTES

6.1.1. Macronutrientes

Hidratos de carbono

La principal fuente de energía que se usa durante el ejercicio son los hidratos de carbono, por lo que debemos mantener una correcta alimentación que asegure la disponibilidad de estos nutrientes para llevar a cabo de forma óptima tanto el entrenamiento diario como la competición.

En nuestro organismo los hidratos de carbono se almacenan en forma de glucógeno. Encontramos almacenes de glucógeno en el músculo, glucógeno hepático y la glucosa circulante en sangre, pero estos depósitos de glucógeno están limitados, ya que no se puede almacenar todo el que queramos, por eso es tan importante unas buenas pautas dietéticas durante toda la temporada del entrenamiento no solo unos días antes de la competición.

Cumplen una función fundamentalmente energética. Un gramo de hidratos de carbono aporta unas 4 kcal.

Constituyen el principal combustible para el músculo durante la práctica de actividad física, por ello es muy importante consumir una dieta rica en hidratos de carbono, que en el bailarín deportivo deben de ser alrededor de un 60-65% del total de la energía del día. Con estas cantidades se pueden mantener sus reservas (en forma de glucógeno) necesarias para la contracción muscular.

Hay dos tipos diferentes de hidratos de carbono:

➢ **Simples o de absorción rápida.**

MONOSACÁRIDOS – (Contienen de 3 a 8 átomos de Carbono).

- Glucosa (dextrosa o azúcar de uva)
- Fructosa (levulosa o azúcar de la fruta)
- Galactosa (forma parte de la lactosa)

DISACÁRIDOS (monosacárido + monosacárido)

- Sacarosa (Glu+Fru): azúcar de caña o de mesa.
- Lactosa (Glu+Gala): azúcar de la leche.
- Maltosa (Glu+Gluc): azúcar de malta

➢ **Complejos o de absorción lenta.**

OLIGOSACÁRIDOS (3 a 9 monosacáridos) Maltodextrinas (o) dextrinas límite: hidrólisis de almidón.

POLISACÁRIDOS (> 10 monosacáridos).

- Origen vegetal: almidón y celulosa.
- Origen animal: glucógeno.

POLIOLES

Están en los cereales y sus derivados (harina, pasta, arroz, pan, maíz, avena...), en las legumbres (judías, lentejas y garbanzos) y en las patatas.

➢ **Fibra:**

En la dieta la fibra la encontramos en los productos vegetales, y una de sus características es que no aporta calorías.

Aunque la fibra no sea absorbida y, por lo tanto, pase prácticamente inalterada por el intestino, tiene unas propiedades que la hacen imprescindible para el mantenimiento de la salud.

Por su capacidad para retener agua, regulan el apetito porque provocan saciedad y, por tanto, pueden ayudar a controlar el peso. Mejoran el funcionamiento del intestino grueso, y favorecen sus movimientos, así los residuos del proceso digestivo, que tienen cierto grado de toxicidad para el colon y el recto, son más fácilmente evacuados, al estar menos tiempo en contacto con la mucosa intestinal.

Dentro de las fibras podemos encontrar dos tipos:

- Solubles: retienen el agua durante la digestión lo que implica un retardo en la digestión y en la absorción de los nutrientes desde el estómago al intestino. Regulan el nivel de glucosa en sangre y dificultan en parte la absorción de colesterol, ayudando de esta manera a reducir su nivel plasmático. Podemos encontrarlas en alimentos como la cebada, lentejas, avena, nueces y algunas frutas y verduras.
- Insolubles: las encontramos en el salvado de trigo y en las verduras. Aceleran el tránsito intestinal y dan mayor volumen a las heces.

La cantidad de fibra recomendable en una dieta es de 30-35 gramos por día. Además, es recomendable beber abundante agua ya que ésta ayuda a que la fibra transmite a través del sistema digestivo (Gil, 2005).

Tomar una dieta rica en hidratos de carbono es uno de los principios fundamentales que deben regir la dieta del deportista. Se recomienda la ingesta de 5-7 g/kg de peso corporal/día de carbohidratos para reemplazar la pérdida provocada por el entrenamiento diario (González, Gutiérrez, Ruiz, y Castillo, 2001).

La ingesta de carbohidratos (CHO) tiene una importancia clave para suplir las demandas energéticas generadas por el ejercicio. Se ha demostrado que la suplementación con CHO mejora el rendimiento físico, prolongando la duración del ejercicio antes de alcanzar la fatiga, incrementando la potencia muscular, así como el estado cognitivo y el nivel de vigilia durante un ejercicio de larga duración (Marcelo, López, y Pérez, 2008).

Índice glucémico

El índice glucémico (IG) cuantifica el aumento de la glucemia que se produce posterior a la ingesta de un alimento, en relación con la ingesta de glucosa. Su determinación se realiza por la ingestión de un alimento con 50 g de carbohidratos, y la medición de la glucemia postprandial durante un lapso de dos horas. El área bajo la curva glucemia/tiempo de cada alimento se compara con la curva de referencia posterior a la ingesta de 50 g de glucosa, y que tiene un valor de 100. El IG ha demostrado que no siempre se puede predecir la respuesta fisiológica de un carbohidrato por su composición química (simple o complejo). A pesar de que el IG de un alimento puede sufrir variaciones por factores como el contenido de otros nutrientes o el modo de preparación de la ración, se ha reconocido su utilidad clínica. El IG se divide en alto, moderado y bajo, en la tabla 1 pueden observarse sólo como guía general, alimentos clasificados según su índice glucémico.

Carga glucémica

La carga glucémica (CG) es un concepto más novedoso que valora no sólo la rapidez de un alimento en convertirse en azúcar en la sangre, sino también la cantidad de carbohidratos que tiene una ración de un alimento particular. Un alimento con CG alta tiene un valor de 20 o más. Si el valor de CG va de 11 a 19 es media, los valores de CG por debajo de 10 son bajos.

Tabla 1. Índice glucémico y carga glucémica.

	Alimento	CG	IG
Carga Glucémica ALTA	Pasas	28	64
	Galletas de trigo no integrales	25	72
	Macarrones	23	47
	Cereales azucarados	21	81
Carga Glucémica MEDIA	Miel	18	87
	Pan	15	95
	Patata hervida	15	75
	Bebidas isotónicas	13	74
	Bebidas energéticas	13	70
Carga Glucémica BAJA	Pan multicereales	8	54
	Piña	8	60
	Cereales con fibra	8	42
	Kiwi	6	53
	Naranja-manzana	5	40
	Lentejas	5	30
	Cacahuetes	1	14

Nota: Tomado de Burgos (2016)

El consumo de carbohidratos durante el esfuerzo ha demostrado mejorar el rendimiento deportivo, incrementando el tiempo de aparición de la fatiga tanto en ejercicios prolongados de intensidad moderada como en ejercicios intermitentes de alta intensidad (Franco-Mijares et al., 2013).

Proteínas

Las proteínas son las sustancias que forman la base de nuestra estructura orgánica. Se encargan de reparar y construir los tejidos que han sido dañados con el entrenamiento diario y de la síntesis de hormonas y enzimas. Puede ser también utilizada como sustrato energético, si durante la competición el bailarín no tiene la suficiente cantidad de carbohidratos, la proteína muscular puede proporcionar energía.

Están constituidas por un total de veinte aminoácidos diferentes, que se dividen en dos grandes grupos:

- Los aminoácidos esenciales.

Fenilalanina, isoleucina, leucina, lisina, metionina, treonina, triptófano y valina (y sólo para los niños: arginina, histidina). Debemos aportarlos a nuestro cuerpo por medio de los alimentos porque el organismo no es capaz de producirlos.

- Los aminoácidos no esenciales.

Nuestro organismo sí puede fabricarlos y sintetizarlos: Tirosina, Aspartato, Cisteína, Glutamato, Glutamina, Glicina, Prolina, Serina y Asparagina.

Una proteína de buena calidad es aquella que contiene una cantidad adecuada de todos los aminoácidos esenciales.

Las proteínas procedentes de alimentos de origen animal (pescados, carnes, leche y huevos) se consideran de mejor calidad que las de los alimentos de origen vegetal, ya que poseen todos los aminoácidos necesarios y en las proporciones adecuadas para satisfacer las necesidades orgánicas, mientras que esto no se cumple con las proteínas vegetales (a excepción de la soja). Por ello, para alcanzar la calidad de las proteínas animales, debe hacerse una combinación de proteínas de distintos productos vegetales (lentejas con arroz, por ejemplo).

Se recomienda que las proteínas supongan alrededor del 12-15% de la energía total de la dieta. Estos requerimientos son cubiertos por la ingesta razonable de carne, huevos, pescado y productos lácteos. Un exceso de proteínas en la alimentación puede ocasionar una acumulación de desechos tóxicos y otros efectos perjudiciales para la buena forma del bailarín deportivo. Aunque se han hecho pocos estudios sobre las necesidades proteicas en actividades intermitentes de alta intensidad, lo ideal sería un equilibrio entre las recomendaciones de un deporte de fuerza/potencia y un deporte de resistencia, estamos hablando por lo tanto de entre 1,4 y 1,7 g/kg de peso por día. (Williams, 2002).

Grasas

Son fundamentalmente energéticas, es la fuente de energía para la producción de ATP en forma de ácidos grasos junto con los hidratos de carbono en forma de glucógeno muscular. Un gramo de grasa suministra aproximadamente 9 kcal. En los alimentos, los lípidos se encuentran normalmente en forma de unos compuestos llamados triglicéridos, que están formados por una molécula de glicerina y tres ácidos grasos.

Se clasifican en:

Grasas saturadas:

Son consideradas como 'las grasas malas', ya que cuando se consumen en exceso pueden ocasionar problemas de colesterol y trastornos de cardiovasculares. Hay que tener en cuenta que el consumo elevado de este tipo de grasas, junto con el colesterol procedente de la comida, puede ocasionar serios problemas cardíacos, debido al endurecimiento de las arterias (aterosclerosis).

La mayoría de las grasas saturadas provienen de alimentos de origen animal como las carnes rojas y la mantequilla. Los aceites de palma y de coco también son ricos en estas grasas.

Grasas insaturadas:

La mayoría de las grasas insaturadas son aceites, ya que a temperatura ambiente se encuentran en estado líquido. Son grasas beneficiosas para la salud porque regulan el nivel de colesterol y previenen las enfermedades cardiovasculares. Pueden ser:

- Grasas monoinsaturadas: presentes en el aceite de oliva, de colza, los frutos secos (pistachos, almendras, avellanas, nueces de macadamia o anacardos), cacahuetes, aguacates y sus aceites.
- Grasas poliinsaturadas: se encuentran en el aceite de girasol, aceite de pescado, aceite de soja, maíz, azafrán, y también en pescados azules como el salmón, el atún... A su vez, las grasas poliinsaturadas se subdividen en distintos tipos, destacando por sus propiedades dos clases:
    - Las **grasas omega 3** están presentes en multitud de pescados como pescados azules (el salmón, la caballa, el atún, la sardina, la trucha o las anchoas; y también en

distintos frutos secos y aceites como las nueces, semillas de colza, semillas de soja y sus aceites. El omega 3 más conocido es el ácido linolénico.
- Las **grasas omega 6** las podemos encontrar en las semillas de girasol, el germen de trigo, el sésamo, las nueces, la soja, el maíz y sus aceites. El más conocido es el ácido linoleico.

El **ácido linoleico** y el **ácido linolénico** no pueden ser sintetizados en el organismo y, por lo tanto, deben ser obtenidos a través de la dieta (ácidos grasos esenciales).

Grasas trans: estas grasas se producen mediante un proceso químico que se denomina hidrogenación y que consiste en añadir hidrógeno a algunos aceites vegetales. Este procedimiento se emplea con el fin de potenciar el sabor y mejorar la textura de los productos alimenticios, prolongando su vida útil con un bajo coste. Sin embargo, la hidrogenación provoca que una parte de las grasas poliinsaturadas se transformen en grasas saturadas (no debemos abusar, como hemos visto anteriormente). Por ello, es aconsejable consultar las etiquetas para comprobar si contiene grasa trans, y evitar su consumo.

Las grasas deben proporcionar entre el 20-30% de las calorías totales de la dieta.

Tanto un exceso como un aporte deficitario de grasa puede desencadenar efectos adversos para el organismo:

- Una dieta rica en grasas (superior al 35% del total de energía requerida) significa que también será escasa en hidratos de carbono, con lo que no se obtendrá un nivel adecuado de almacenamiento de glucógeno. A esto hay que añadir la predisposición al aumento de peso derivada de este tipo de dietas, por lo que se compromete por partida doble el rendimiento deportivo. Desde otro punto de vista, el exceso de grasas en la dieta, especialmente si son de origen animal o saturadas, puede producir un aumento del colesterol en sangre, con consecuencias futuras negativas para la salud del bailarín.

- Si su contenido en la dieta es bajo (menor de un 15%), existe el riesgo de sufrir deficiencias en vitaminas liposolubles (A, D, E, K) y ácidos grasos esenciales.

Por tanto, una dieta adecuada para el deportista debe contemplar unas proporciones de grasas en ella no superiores al 30%, siendo deseable una contribución en torno al 20-25%

En el ejercicio la importancia de las grasas como sustrato que proporciona energía se ve limitada a lo que llamamos metabolismo energético aeróbico. La contribución de las grasas como combustible para el músculo aumenta a medida que aumenta la duración y disminuye la intensidad del esfuerzo físico, por lo que en el bailarín deportivo en su entrenamiento diario ya que usa las tres vías metabólicas debe tener presente la ingesta de grasas para un buen funcionamiento de la vía aeróbica y así entrenar bien su capacidad aeróbica y disponer mucho mejor de ella en la competición.

6.1.2. Micronutrientes

Su función es controlar y regular el metabolismo. No son nutrientes energéticos, pero son esenciales para el ser humano ya que no pueden ser producidos por el propio organismo, sino que se reciben del exterior mediante la ingestión de alimentos.

Si se practica deporte, son muy importantes, puesto que intervienen en los procesos de adaptación que tienen lugar en el cuerpo durante el entrenamiento y el periodo de recuperación.

Para mantener unos niveles adecuados de micronutrientes es recomendable consumir una dieta variada y equilibrada, abundante en alimentos de origen vegetal, que son los más ricos en vitaminas y minerales (en lugar de abusar de los suplementos). Una deficiencia en micronutrientes no sólo disminuye el rendimiento deportivo, sino que puede perjudicar la salud. En cambio, no hay evidencias de que, en ausencia de estados carenciales, la administración de suplementos tenga efectos positivos sobre el entrenamiento (Gil, 2005).

<u>Vitaminas</u>

Son sustancias orgánicas imprescindibles para la vida, que actúan como catalizador de procesos fisiológicos y metabólicos del organismo. Las vitaminas también son precursoras de otros compuestos orgánicos que necesita el cuerpo.

Las vitaminas son elementos complejos (moléculas) de composición muy diversa. Participan activamente en el control de los procesos para la obtención de energía (a partir de los hidratos de carbono, lípidos y proteínas) y en la síntesis de multitud de sustancias y estructuras vitales (enzimas, hormonas, proteínas, etc.).

• Vitaminas liposolubles:

Vitamina A o retinol

La vitamina A es importante para la visión normal, expresión genética, reproducción, desarrollo embrionario, crecimiento y función inmune.

Función:

- En su forma de retinal, forma parte de los fotorreceptores de la retina, en los bastones que son responsables de la visión nocturna o en lugares con luz limitada, como de los conos responsables de la visión con luz y los colores.
- Regula la actividad de algunos enzimas responsables del sistema inmunitario.
- Es esencial en el mantenimiento de las células epiteliales, que son células que recubren toda la capa exterior de nuestro cuerpo.
- En su forma de betacarotenos son un potente antioxidante.
- El retinol y ácido retinoico regulan la actividad de los cartílagos, es decir que colabora en el crecimiento y mantenimiento óseo.

Fuentes dietéticas:

En alimentos de origen animal como mantequilla, hígado, queso, yema de huevo, aceite de hígado de pescado. En alimentos de origen vegetal los betacarotenos proporcionan una coloración amarilla, como el albaricoque, anaranjado intensa como sería la zanahoria o rojo como por ejemplo el pimiento.

Vitamina D o calciferol

Ayuda al cuerpo a absorber el calcio (una de las piezas fundamentales de los huesos). Las personas que consumen vitamina D en cantidad muy escasa pueden tener huesos débiles, delgados y frágiles, un trastorno que se denomina raquitismo en los niños y osteomalacia en los adultos.

Además, la vitamina D es muy importante para el cuerpo de muchas otras formas. Los músculos requieren esta vitamina para el movimiento. Por ejemplo, los nervios la necesitan para transmitir mensajes entre el cerebro y cada parte del cuerpo, y el sistema inmunitario emplea la vitamina D para combatir los virus y bacterias que lo invaden. Junto con el calcio, la vitamina D ayuda a proteger a los adultos mayores contra la osteoporosis.

Función:

- En el intestino, aumenta la absorción de calcio y de Fósforo.
- En el hueso, aumenta la actividad osteoclástica.
- En el tubo renal, interviene en la reabsorción del fósforo y parte del calcio.

Fuentes dietéticas:

Los aceites de hígado de pescado son una importante fuente de vitamina D y en menor proporción podemos encontrar en los huevos y el salmón, queso, leches y mantequillas.

La mayor fuente de vitamina D es a través de síntesis cutánea (exponiendo nuestros brazos y rostro al sol durante unos 10-20 minutos de dos a tres veces por semana).

Vitamina K o Loquinona.

La vitamina K es una vitamina que existe en tres formas distintas, que puede ser suministrada por la dieta o fabricada por el propio organismo. Participa en el proceso de coagulación de la sangre para la fabricación de determinados factores de coagulación en el hígado.

Función:

- Actúa como cofactor de una carboxilasa, transformándolo y dotar a la proteína de eficacia biológica.
- Es necesaria para la formación de compuestos importantes en la coagulación sanguínea.
- Mejora las funciones de la osteocalcina, una proteína con un importante papel en el fortalecimiento de los huesos.

Fuentes dietéticas:

Se encuentra en mayor proporción en el té verde y verduras y hortalizas sobre todo de color verde, como el brócoli, guisantes y espinacas. En menor proporción en los aceites de colza y girasol y en alimentos de origen animal huevos, hígado y quesos. Otra fuente importante es a partir de nuestra flora intestinal, se forma en nuestro intestino gracias a las bacterias intestinales, por lo que es improbable tener una deficiencia de esta vitamina.

Vitamina E o Tocoferol

Actúa como antioxidante, al ayudar a proteger las células contra los daños causados por los radicales libres. Los radicales libres son compuestos que se forman cuando el cuerpo convierte los alimentos que consumimos en energía. Las personas también están expuestas a los radicales libres presentes en el ambiente por el humo del cigarrillo, la contaminación del aire y la radiación solar ultravioleta.

Función:

- Acción principal de la vitamina E es como antioxidante.
- Ayuda a evitar la oxidación de lo ácidos grasos insaturados en los fosfolípidos de las membranas celulares, por lo que su acción es de protección de la célula.
- Tiene un pequeño papel en la síntesis de la hemoglobina.

Fuentes dietéticas:

Se encuentra en mayor proporción en aceites vegetales poliinsaturados de germen de trigo, de oliva o de maíz, en frutos secos como castañas y las pepitas de girasol, en menor proporción en carnes y lácteos frutas y hortalizas, como boniatos y vegetales de hoja verde oscuro.

- **Vitaminas hidrosolubles:**

Complejo B

Vitamina B1 o Tiamina

La vitamina B1 o Tiamina es una vitamina hidrosoluble del complejo B, necesaria para la correcta absorción de los hidratos de carbono y para producir energía a partir de ellos. También participa en el metabolismo de las grasas, proteínas y ácidos nucleicos. Su carencia afecta al sistema nervioso y digestivo, pudiendo causar fatiga y anorexia.

Función:

- Como coenzima en el metabolismo de los hidratos de carbono, es necesaria para la transformación del piruvato en acetil-CoA antes de entrar en el ciclo de Krebs.

- Es esencial para el normal funcionamiento del sistema nervioso.

- Participa en la producción de energía a partir del glucógeno muscular.

Fuentes dietéticas:

Las bacterias intestinales la pueden sintetizar, aunque no en la cantidad necesaria, por lo que recurriremos a fuentes de los tejidos animales y vegetales como, lomo de cerdo cereales integrales, judías, semillas frutos secos, hígado leche y derivados y pescados.

Vitamina B2 o Riboflavina

Es protagonista de importantes procesos enzimáticos íntimamente relacionados con la respiración celular, y también participa en la síntesis de los ácidos grasos.

Es un componente indispensable para la salud de la piel y también de las mucosas del cuerpo. También está relacionada con la actividad ocular, ya que le proporciona el correspondiente oxígeno a la córnea para que pueda funcionar adecuadamente y evitar enfermedades de visión.

Su color característico es el amarillo, de ahí que a la vitamina B2 se la llame también Riboflavina, que en latín quiere decir amarillo. El cuerpo la absorbe muy fácilmente, y las pequeñas partes de ella que quedan en el organismo se retienen en el hígado y en los riñones.

Función:

- La Riboflavina participa en la formación de enzimas oxidativas que están implicadas en la producción de energía a partir de los hidratos de carbono y las grasas.
- Desempeñan también un papel importante en el metabolismo de las proteínas.
- Ayudan a mantener y proteger la salud de la piel y las mucosas.

Fuentes dietéticas:

Hígado, frutos secos, la yema del huevo, lácteos y pescado, verduras de hoja verde, germen de trigo, la levadura y productos integrales.

Vitamina B3 o Niacina

La vitamina B3 también se denomina "niacina" o "ácido nicotínico". Algunas funciones de la vitamina B3 se relacionan con procesos metabólicos esenciales para que las células tengan suficiente energía y puedan realizar sus procesos específicos. También se encargan de la restauración de ADN. Permite la producción de neurotransmisores, la síntesis de hormonas y colabora en el funcionamiento sano y completo del sistema nervioso.

Función:

La niacina la utilizamos como componente de dos enzimas implicadas en los procesos energéticos que se producen dentro de la célula

- Glucólisis, en la que el glucógeno muscular produce energía tanto aerobia como anaerobia.
- La otra enzima está implicada en el metabolismo de las grasas ayudando a sintetizar mejor.

Fuentes dietéticas:

Alimentos ricos en proteínas como el hígado, carnes magras, pescados, quesos curados y moluscos y crustáceos.

La leche y derivados apenas contienen, pero si son una buena fuente de triptófano que podemos sintetizar en ácido nicotínico.

Vitamina B5 o Ácido Pantoténico

Función:

Forma parte de la coenzima A

Interviene en:

- La síntesis y degradación de ácidos grasos.
- El ciclo de Krebs.
- Biosíntesis de acetilcolina (sustancia química que libera la motoneurona para la contracción muscular).

Fuentes dietéticas:

Se encuentra en prácticamente todos los alimentos, de ahí su nombre: "panthos" que significa en todas partes. En mayor medida se encuentra en las vísceras como hígado y riñones, frutos secos como el pistacho y la yema del huevo, levaduras y granos integrales.

Vitamina B6 o Piridoxina

Función:

Interviene como coenzima en el metabolismo de los aminoácidos

- Síntesis de niacina a partir del triptófano.
- Síntesis del grupo hemo.
- Metabolismo de los aminoácidos azufrados.

Fuentes dietéticas:

Alimentos de origen animal, como vísceras, pescados, queso y los huevos. En los vegetales en forma menos biodisponible, cereales integrales, hortalizas, frutas y germen de trigo.

Vitamina B9 o Ácido Fólico

Función:

- Actúa como coenzima, conjunto con vitamina C y vitamina B12 en el metabolismo de las proteínas y en la síntesis de nuevas proteínas.
- Actúa en la síntesis de glóbulos rojos y la producción del ADN, en el crecimiento de los tejidos y la renovación celular.
- Estimula la formación de ácidos digestivos.
- También está implicada en la degradación del glucógeno muscular y la gluconeogénesis en el hígado.

Fuentes dietéticas:

La mayor fuente de Ácido Fólico es el hígado ya que se encuentra en la forma de mayor biodisponibilidad también encontramos en los lácteos, en verduras y hortalizas, legumbres, frutos secos y algunas frutas.

Vitamina H o Biotina

Función:

Actúa como coenzima de las carboxilasas, en reacciones de carboxilación enzimática que requieren ATP.

- Síntesis de los ácidos grasos en el exterior de la mitocondria.

- Gluconeogénesis: la conversión del piruvato en oxalacetato, lo cual puede tener efecto en el rendimiento deportivo.

Fuentes dietéticas:

Alto contenido en los frutos secos, las fresas, el salmón, el aguacate, el plátano y la yema de huevo, las legumbres como los guisantes y judías y verduras de hoja verde oscuro. También es sintetizada por bacterias del intestino (Castillo, 2011).

Vitamina B12 o Cianocobalamina.

Función:

- Fundamental para síntesis del ADN.
- Interviene en reacciones metabólicas, junto con el ácido fólico, y juntos desempeñan un importante papel en la formación de glóbulos rojos.
- Esta vitamina es esencial para la formación de la vaina de mielina (vaina protectora que rodea las fibras nerviosas).

Fuentes dietéticas:

Encontramos la vitamina B12 solo en alimentos de origen animal y en mayor proporción en pescados azules, el mejillón y el hígado, yema de huevo y leche y derivados.

Vitamina C o ácido ascórbico

Es conocida como la vitamina de la fatiga o del stress porque tiene importancia en el mantenimiento adecuado de la homeostasis bajo condiciones de excesiva fatiga física o emocional.

Función:

- Su función principal es la síntesis de colágeno necesario para la formación y mantenimiento de tejido conjuntivo, cartílagos, tendones, ligamentos y huesos.
- Colabora con la absorción de algunas formas y hierro en el tracto intestinal.
- Participa en la formación de tejido cicatricial por lo que es esencial en el cicatrizado de las heridas.
- Potente antioxidante.

Fuentes dietéticas:

Se encuentra en los frutos cítricos (naranjas, pomelos), melones, tomates y vegetales de hojas verdes, brócoli y pimientos verdes.

Minerales

Los minerales son elementos esenciales, por lo que, al igual que las vitaminas, deben formar parte de la dieta diaria del deportista en cantidad adecuada.

Participan en procesos como del metabolismo general (mecanismo de obtención de energía, síntesis de multitud de sustancias y estructuras vitales, etc.) como cumpliendo funciones más específicas (formando parte del hueso, transporte de oxígeno, contracción muscular, etc.).

Los minerales pueden clasificarse en: macrominerales (Calcio, Fósforo y Magnesio), microminerales u oligoelementos (Hierro, Yodo, Flúor, Cromo, Cobre, Selenio, Zinc, Cobalto, Manganeso y Molibdeno), y electrolitos (Sodio, Potasio y Cloro).

El Calcio.

Es el elemento esencial del esqueleto. Su ingesta apropiada junto con el ejercicio adecuado y unos niveles hormonales normales son fundamentales para alcanzar y mantener la masa ósea óptima durante los años en que un deportista es joven.

Desde la infancia las necesidades de Calcio van aumentando, haciéndose máximas en la adolescencia. Es importante cubrir las raciones recomendadas de Calcio en todas las edades. Aunque el ejercicio ayuda a mantener los huesos fuertes, si se practica de forma extenuante puede llegar a ser perjudicial, dando lugar a una disminución de la densidad mineral ósea, sobre todo en las mujeres deportistas que tienen problemas con sus ciclos menstruales. Fuentes principales alimentarias: productos lácteos, leche, queso yogur, yema de huevo, legumbres, verduras de hoja verde y coliflor.

Fósforo

Encontramos el Fósforo en nuestro cuerpo en forma de sales de fosfato, aproximadamente un 80-90% del fósforo del organismo se combina en forma de fosfato cálcico, y se utiliza para el desarrollo de huesos y dientes (Williams, 2002)

es muy beneficioso porque ayuda al corazón y mejora la contractilidad del músculo. Forma parte de los compuestos ricos en energía de las células musculares como el ATP y la PC (fosfocreatina), necesarios para la contracción muscular, es un elemento esencial para el metabolismo de grasas, azúcares, proteínas, ácido fólico y vitaminas del grupo B. Pero para su absorción, al igual que el Calcio, se requiere vitamina D.

Participa en los procesos de creación de energía, es fundamental para la producción de la molécula ATP que el cuerpo utiliza para almacenar energía. Además, reduce el ácido láctico mientras se practica ejercicio. Fuentes principales alimentarias: todos los productos proteicos, carne, pollo, pescado, huevos, legumbres y cereales integrales.

El Magnesio.

El magnesio es esencial porque interviene en más de 300 reacciones enzimáticas diferentes. Participa en el metabolismo de los componentes de los alimentos, en la transformación de los nutrientes complejos en sus unidades elementales y en la síntesis de numerosos productos orgánicos. Es un mineral básico para el deportista por su papel en la relajación muscular y en el buen funcionamiento del corazón.

Las deficiencias de Magnesio aparecen en raras ocasiones, pero cuando esto ocurre hay importantes repercusiones: calambres y dolores musculares, latidos cardiacos irregulares, reducción de la presión sanguínea y debilidad.

La práctica deportiva extenuante genera una pérdida de Magnesio, y la falta del mismo conduce a una reducción de las capacidades de resistencia y de adaptación al esfuerzo. Por todo ello es fundamental valorar la disponibilidad de Magnesio en la dieta del deportista.

Este mineral abunda en los frutos secos, legumbres, granos de cereales integrales y vegetales verdes (lechuga, escarola, acelga, espinacas...). Las carnes, los productos lácteos y los mariscos son fuentes algo más pobres. Este mineral está presente también en la composición de algunas aguas minerales naturales.

El Hierro.

Muchos deportistas pueden tener una disminución de los niveles de Hierro en sangre como consecuencia de su menor absorción intestinal, aumento de la eliminación y/o destrucción de glóbulos rojos, ingestas bajas de Hierro en la dieta, y en el caso de las mujeres, por la menstruación. Esta deficiencia dificulta la llegada de oxígeno a las células y se asocia con una merma del rendimiento deportivo. La disminución de Hierro y la anemia se producen con menor frecuencia cuando la dieta proporciona suficiente cantidad de alimentos ricos en este mineral depósitos bajos es decir ferritina por debajo de 20ng/ml. (Olivos, Cuevas, Álvarez, y Jorquera, 2012)

El Zinc.

Es un mineral que en los últimos años ha adquirido especial interés en el mundo del deporte, debido a las importantes funciones que desempeña:

- Ayuda a regular la actividad de muchas enzimas.
- Favorece el adecuado transporte de nutrientes.
- Mantiene la excitabilidad nerviosa y muscular.
- Es un componente estructural de los huesos.
- Refuerza el sistema inmunológico y es antioxidante.

Todos estos aspectos son fundamentales en la fisiología del ejercicio. Este mineral ayuda a combatir el estrés oxidativo generado por la actividad física intensa, mediante su acción antioxidante. También facilita la regeneración de las pequeñas lesiones musculares que se pueden producir en el deportista, incluso modifica la acumulación de ácido láctico debido a su influencia sobre la enzima lactato deshidrogenasa.

El Zinc se encuentra con una mayor biodisponibilidad en alimentos de origen animal como las carnes rojas, los huevos, los mariscos (especialmente las ostras), el queso curado, etc. En cambio, los alimentos vegetales tienen una menor disponibilidad de este mineral. Si se realiza una dieta variada y equilibrada es infrecuente que aparezcan de ciencias de Zinc.

6.2. ENERGÍA

Según Gil (2005) en lo que respecta la energía en el organismo la proporcionan los nutrientes contenidos en los alimentos y se expresa en calorías. Una caloría es la cantidad de calor necesaria para aumentar en 1 grado centígrado 1 gramo (1 mililitro) de agua desde 15,5Cº a 16,5Cº a presión atmosférica constante. Del mismo modo, una kilocaloría sería la cantidad de energía necesaria para aumentar esa temperatura a 1 kilogramo de agua.

Cuando esto se traslada a la nutrición, el valor de una caloría se queda muy pequeño y por ello se habla de kilocaloría (kcal) o Caloría («caloría grande»), o incluso de Julio o kilojulio (kJ), que es la unidad del Sistema Internacional de Medidas.

Su equivalencia:

1kcal: 4,128 kJ

La ingesta energética diaria adecuada para un deportista es la que mantiene un peso corporal adecuado para un óptimo rendimiento y maximiza los efectos del entrenamiento (González et al., 2001).

Para el cálculo del gasto energético de un bailarín hay que tener en cuenta una serie de componentes y factores.

Tabla 2. Componentes y factores del gasto energético en el deporte

		Factores
Gasto total de energía diaria	Composición corporal	- Masa corporal - Cantidad de masa muscular - Cantidad ósea - Otros tejidos: corazón, cerebro e hígado
	Crecimiento	Desarrollo muscular
	Tasa Metabólica Basal (TMB) (60-70%)	- Genética y hormonas - Edad - Sexo - Peso - Talla
	Ejercicio y Actividad Física Voluntaria (AFV)	- Tipo de ejercicio - Intensidad de ejercicio - Duración del ejercicio
	Actividad Física Espontánea (AFE)	- Genética - Activación hormonal (hormonas simpático-adrenales)
	Efecto Térmico de los Alimentos (ETA) (10-15%)	- Cantidad de alimento y macronutrientes (las proteínas tienen hasta un 30% de ETA).

Nota: Extraído de Martínez, Urdampilleta, y Mielgo (2013)

La tasa metabólica basal de un deportista la definiremos como la cantidad de energía mínima necesaria para mantener las funciones vitales del organismo en reposo, tanto físico como mental, es decir, para que no se paralicen procesos necesarios para la vida, como el funcionamiento del corazón, la respiración, el funcionamiento hepático, renal, nervioso, etc.

Y para calcular el gasto calórico total necesario del bailarín deportivo, debemos sumar al metabolismo basal, su actividad física diaria, entrenamiento y el efecto térmico de los alimentos.

Sustratos energéticos

El ser humano está compuesto por millones de células y alimentarse es alimentar a cada una de ellas, para que de ellas podamos extraer energía para poder producir movimiento, mantener la temperatura corporal y producir nuevas células que el bailarín deportivo en su entrenamiento ha desgastado.

En los alimentos la energía se almacena en forma de macronutrientes, hidratos de carbono, lípidos y proteínas de los que hemos hablado anteriormente, que con la ayuda y sinergia de algunos micronutrientes son metabolizados en la célula y liberan energía química contenida en una pequeña molécula, **ATP**: adenosintrifosfato.

Las reservas de ATP dentro de la fibra muscular son escasas, por lo tanto, el músculo necesita obtener continuamente ATP para poder cubrir necesidades energéticas.

Para ello dispone de una serie de sistemas enzimáticos que le permiten conseguir esa energía necesaria a partir de una serie de sustratos energéticos, como son:

- El propio ATP almacenado en la fibra muscular.
- Los depósitos de fosfocreatina, también almacenados en la fibra muscular.
- El glucógeno muscular y hepático junto con la glucosa sanguínea.
- Los ácidos grasos, que pueden tener su origen en los propios depósitos de triglicéridos de la fibra muscular o en los triglicéridos existentes en los adipocitos (células que almacenan grasa).

Los triglicéridos son las moléculas que utiliza el organismo para almacenar los ácidos grasos. Una vez liberados, los ácidos grasos que provienen de los triglicéridos de la propia fibra muscular ya se pueden utilizar directamente, pero los que provienen de los adipocitos son transportados por la sangre hasta el músculo unido a una proteína, la albúmina, ya que libres resultan tóxicos para el organismo.

En circunstancias especiales, la fibra muscular puede obtener ATP a partir de algunos aminoácidos, principalmente de la alanina, la glutamina y los aminoácidos de cadena ramificada: leucina, isoleucina y valina. Además de estos puede utilizar también cetoácidos, ácido láctico y glicerol.

Tabla 3. Sustratos energéticos de cada vía metabólica.

Características:	Sistema ATP-PC	S. Anaeróbico Láctico	Sistema Aeróbico
Necesita oxígeno para funcionar:	No	No	Si
Fuente de energía	Fosfocreatina	Glucógeno	Glucógeno Lípidos Aminoácidos
Cantidad de producción de ATP	Muy limitada	Limitada	Ilimitada
Velocidad de producción de ATP	Muy alta	Alta	Lenta

Nota: Fuente Chicharro y Mojares (2008)

El Baile Deportivo puede definirse como una actividad física alternativa con fases activas de duración media y períodos de recuperación cortos en los que los sistemas aeróbicos y anaeróbicos están profundamente desafiados. Además, en los bailes latinos, las demandas energéticas parecen ser más altas que en la secuencia estándar. Es predominantemente un tipo de ejercicio, donde se siguen acciones explosivas; Por momentos que requieren precisión y destreza, los bailarines se benefician aún más de una buena base aeróbica, mientras que una mayor resiliencia a una alta concentración de BL limitaría los efectos de la acumulación de metabolitos en actividades que requieren equilibrio, equilibrio y coordinación (Bria et al., 2011).

Esta evaluación debe tenerse en cuenta durante la planificación de programas de capacitación más específicos para asegurar que la falta de tolerancia aeróbica y la tolerancia al lactato sanguíneo no perjudiquen el rendimiento.

A la ingesta de energía previa a una competición, se hace imprescindible tener en cuenta que el bailarín deportivo deberá llevar una planificación dietética regular y equilibrada durante toda la temporada; de tal manera que no incurra en una carencia nutricional, como una anemia, cuya solución puede llevar meses de recuperación con una alimentación adaptada por un médico o nutricionista; o un aporte excesivo de calorías en la dieta que podría llevar a sobrepasar la capacidad de sintonización del hígado de las mismas y los niveles máximos de almacenamiento de glucógeno muscular que daría lugar a un incremento del porcentaje de grasa corporal.

La mejor técnica para afrontar con garantías una competición, es realizar en la semana previa una sobrecarga o también llamada supercompensación de hidratos de carbono ya que se obtiene una reserva extra en los depósitos de glucógeno que lograran evitar la fatiga. Se trata de aumentar la ingestión de carbohidratos con fluidos desde 7 días antes, al mismo tiempo que gradualmente se va reduciendo la intensidad del ejercicio, hasta un descanso total.

Podemos encontrar varias formas de hacer esta sobrecarga de glucógeno, la primera:

Técnica de Astrand

Esta técnica dura una semana y tiene dos fases: la fase de descarga y la fase de recarga.

La fase de descarga dura 3 días y consiste en ingerir una dieta muy baja en hidratos de carbono (menos del 10% de la energía total consumida) y un entrenamiento muy intenso. En esta fase se busca vaciar las reservas de glucógeno y estimular la creación y almacenamiento de más glucógeno, que conseguiremos en la siguiente fase.

Durante la fase de recarga, que son los siguientes 3 días antes de la competición se lleva a cabo una dieta muy alta en hidratos de carbono (80-90% de la energía total ingerida) y un entrenamiento muy ligero o incluso sin entrenamiento. Esto consigue que el organismo, preparado en la fase anterior, almacena el doble de glucógeno, y lo mantiene disponible para usarlo en el día de la competición (Pérez, 2008).

Técnica de Sherman/Costill

Esta técnica dura también una semana, pero es menos dura que la anterior y por tanto más fácil de llevar a cabo. En cuanto a los resultados son similares a los conseguidos con la técnica Astrand.

La técnica de Sherman/Costill consiste en una dieta alta en hidratos de carbono (sobre el 70% de la energía total consumida) e ir disminuyendo progresivamente las sesiones de entrenamiento, concretamente se van disminuyendo a la mitad cada dos días, quedando el día de antes de la competición libre de entrenamiento.

Al mantener una ingesta elevada de hidratos de carbono durante toda la semana, pero ir reduciendo la carga de ejercicio se consigue un mayor almacenamiento de glucógeno muscular, ya que no lo estamos gastando todo en el entrenamiento.

Técnica de carga en 24 h o de Fairchild/Fournier

Es la de más novedosa, ofrece como mayor ventaja su rapidez y fácil ejecución, ya que se llenan los depósitos de glucógeno muscular en solo 24 horas. El procedimiento se basa en ejecutar un calentamiento de aproximadamente cinco minutos, seguido de una sesión de alta intensidad de unos tres minutos de duración, con el fin de agotar las reservas de glucógeno muscular de las piernas. Inmediatamente después de la sesión empezamos la carga de hidratos de carbono que consistirá, en no realizar ejercicio alguno y tomar durante las 24 h siguientes una media de 10,3 g de hidratos de carbono de alto índice glucémico (pasta, pan, arroz, patatas, bebidas con maltodextrina, etc.) por kg de peso (12,2 g si es por kg de masa libre de grasa), por lo que la ingesta calórica total procedente de los hidratos de carbono representará más del 90%.

La desventaja de esta técnica es que solo se ha realizado en ciclistas (Pérez, 2008).

La supercompensación de hidratos de carbono puede ser una técnica muy eficaz para mejorar el rendimiento deportivo en competiciones importantes.

Sin embargo, siempre se debe usar bajo la supervisión y el asesoramiento de profesionales (médicos, dietistas-nutricionistas), que nos ayudarán a elegir la técnica más recomendable según el momento de la temporada y se aseguran que se lleve a cabo correctamente para cumplir los objetivos sin provocar ningún riesgo para el deportista (Pérez, 2008).

6.3. COMIDAS ÓPTIMAS ANTES DE LA COMPETICIÓN

Una comida apropiada para antes de la competición es la que tiene bajo contenido de grasas y de proteínas y alto contenido de hidratos de carbono. Los hidratos de carbono de la comida de pre-competición no aportan energía para la prueba. Esta energía ha de estar ya almacenada en los músculos y en el hígado a partir de las comidas a base de carbohidratos efectuadas en los 2 o 3 días anteriores a la prueba, con las técnicas que hemos descrito anteriormente. El objetivo principal de la comida rica en hidratos de carbono antes de la competición, ha de ser el de impedir la sensación de hambre, sin llegar a causar náuseas. Por otra parte, los hidratos de carbono ingeridos en la comida de pre-competición son digeribles y quedan disponibles como glucosa después de las comidas, de forma que pueden utilizarse para reponer el glucógeno de los músculos y del hígado que fue metabolizado durante la prueba. La comida debe ser ligera, con sólo 500 a 800 calorías.

Tabla 4. Comida pre-competición.

	Cena	3-6 horas	60-30 min.
Ingesta CHO 250	350 g 200	350 g 35	50 g
Índice glucémico	Medio-alto	Medio-alto	Alto
Alimentos	Copos de avena Maíz, patatas asadas, pasta, arroz	Copos de avena maíz, patatas asadas, pasta, arroz	Glucosa, sacarosa polímeros de glucosa
Modo	Sólido	Sólido	Líquido 500-600 ml
Ingesta de grasa	No Recomendable/pobre	No Recomendable/pobre	No Recomendable
Ingesta de proteína	Pobre	No Recomendable/pobre	No Recomendable
Ingesta de fibra	No Recomendable/pobre	No Recomendable	No Recomendable
Ingesta de líquidos	1L agua	500 ml agua o zumo	***

Nota: Recuperado de González et al. (2001)

a. Comidas óptimas durante la competición

En el ejercicio intermitente de alta intensidad, la hidratación y la dieta precompetitiva son igual o más importantes que en el ejercicio físico continuo y prolongado, debido a la especial exigencia de fuerza, coordinación motora y gran capacidad de resistencia que se requiere, dado que estas actividades pueden tener una duración de 90 o más minutos (González et al., 2001).

En las competiciones de Baile Deportivo, dado que se realizan en interior y con una gran temperatura ambiental, lo que hace que se produzcan mayor pérdida de sales por sudor y una disminución de glucógeno, según las rondas que deban realizar en dicha competición; para evitar estos efectos se deben tomar medidas dietéticas con el fin de evitar la fatiga.

Se debe ingerir una dosis de carbohidratos de alrededor de 60-70 g/h diluida en 800-1400 ml de fluido, con una adición de 3-4g/l de Sodio y de 1-2g/l de Potasio, a 8-12ºC de temperatura.

b. Comidas óptimas después de la competición

Lo primero después de una competición es: reposición de líquidos y restitución de depósitos de glucógeno muscular: entre 1 y 3 días.

Si se ingieren bebidas, deben contener al menos un 10 % de hidratos de carbono de alto Índice Glucémico (glucosa, sacarosa y maltodextrina) + 0,5 mg vitB1/1000 kcal (0,2 mg vitB1/100 g CHO). El aporte de 1 g CHO/kg de peso durante la primera hora post- ejercicio disminuye la rotura de proteínas miofibrilares y la eliminación de N2 en urea, y aumenta la concentración de insulina (incrementa la síntesis de proteínas musculares).

En las 2 primeras horas post-ejercicio la resíntesis de glucógeno es máxima (x10).

Restitución de glucógeno más rápida con mono, di y polisacáridos fácilmente digeribles. Absorción de glucosa en músculos más rápida tras ejercicio por un aumento de la secreción de insulina.

Evitar consumo de proteínas y grasas hasta 6 horas post-ejercicio para no inhibir apetito.

Tabla 5. Comida post-competición.

	0-90 min	120-240 min	Total 24 h
Ingesta de CHO	1.5-2 g/kg/h de la ingesta total	70-80% de la ingesta total 400-600g	70-80%
Índice Glucémico	Alto	Alto	Medio / alto
Alimentos	Glucosa, sacarosa, polímeros de glucosa pasta, plátano	Patata asada, copos de maíz o avena, pasta, arroz	Patata asada, copos de maíz o avena,
Modo	Líquido (200 ml/15 min) *ad libitum*	Sólido	Líquido / sólido
Ingesta de líquidos	500 ml de peso perdidos por sudor	450 – 680 ml/ 450 g peso perdido por sudor	150% del total de
Ingesta de electrolitos 1-2 g/l K$^+$	12-24 g/l Na$^+$ 3 mmol/l K$^+$	20 mmol/L Na$^+$	6 g NaCl
Alimentos ricos en agua y bebidas	Bebidas carbohidratadas electrolíticas	Sandía, pomelo, piña	Agua, zumos, caldos
Ingesta de proteínas	Prescindible	10-15%	1.2-2g/kg/día
Ingesta de grasas	No recomendable	10-15%	10-15%

Nota: Recuperado de González et al. (2001)

c. Hidratación

Como se ha descrito anteriormente, las competiciones de Baile Deportivo se efectúan en interiores lo que hace que temperatura corporal del bailarín aumente más rápidamente, lo que ocasiona una mayor pérdida de agua y electrolitos, cuya reposición es necesaria para evitar una deshidratación o hiponatremia y tener un impacto negativo en el rendimiento o transcurso de la competición (Sawka et al., 2007).

El objetivo es que el bailarín llegue al entrenamiento o competición adecuadamente hidratado, un modo de evaluar la hidratación, puede ser por su peso por la mañana estable; no varíe más del 1% (Palacios, Franco, Manuz, y Villegas, 2008) o en función del color de la orina. Si el bailarín ha seguido correctamente las pautas dietéticas los días anteriores, ha descansado lo suficiente la noche anterior (8-12h) y no ha sufrido ningún problema gastrointestinal, debería estar bien hidratado, aun así el Colegio Americano de Medicina del deporte recomienda realizar el siguiente programa de rehidratación:

− Beber lentamente de 5 a 7 ml/kg en las 4 horas anteriores a iniciar el ejercicio. Si el individuo no puede orinar o si la orina es oscura o muy concentrada se debería aumentar la ingesta, añadiendo de 3 a 5 ml/kg más en las últimas 2 horas antes de ejercicio.

− Las bebidas con 20-50 mEq/L de sodio y comidas con sal suficiente pueden ayudar a estimular la sed y a retener los fluidos consumidos.

− En ambientes calurosos y húmedos, es conveniente tomar cerca de medio litro de líquido con sales minerales durante la hora previa al comienzo de la competición, dividido en cuatro tomas cada 15 minutos (200 ml cada cuarto de hora). Si el ejercicio que se va a realizar va a durar más de una hora, también es recomendable añadir hidratos de carbono a la bebida, especialmente en las dos últimas tomas.

Hidratación durante el ejercicio

Cada bailarín tiene un distinto peso corporal, un grado de sudoración y una tasa de metabolización diferente, por lo que la hidratación durante el ejercicio o competición debe ser personalizada; para conseguir el balance hidroelectrolítico y volumen plasmático adecuados durante todo el ejercicio. A partir de los 30 minutos del inicio del ejercicio empieza a ser necesario compensar la pérdida de líquidos, y después de una hora esto se hace imprescindible.

Se recomienda beber entre 6 y 8 mililitros de líquido por kilogramo de peso y hora de ejercicio (aproximadamente 400 a 500 ml/h o 150-200 ml cada 20 minutos). No es conveniente tomar más líquido del necesario para compensar el déficit hídrico. La temperatura ideal de los líquidos debe oscilar entre 15-21ºC. Bebidas más frías enlentecen la absorción y en ocasiones pueden provocar lipotimias y desvanecimientos, mientras que las bebidas más calientes no son apetecibles, por lo que se beberá menos cantidad (Palacios et al., 2008)

Hidratación después del ejercicio

La rehidratación debe iniciarse tan pronto como finalice el ejercicio. El objetivo fundamental es el restablecimiento inmediato de la función fisiológica cardiovascular, muscular y metabólica, mediante la corrección de las pérdidas de líquidos y solutos acumuladas durante el transcurso del ejercicio.

Es conveniente empezar la antes posible la rehidratación, aunque no se tenga sed, según el Consenso sobre bebidas para el deportista. Composición y pautas de reposición de fluidos (Palacios et al., 2008). Se recomienda ingerir como mínimo un 150% de la pérdida de peso en las primeras 6 horas tras el ejercicio, para cubrir el líquido eliminado tanto por el sudor como por la orina y de esta manera recuperar el equilibrio hídrico. Los sujetos mejor preparados desarrollan sistemas de refrigeración (sudoración) más eficientes, por lo que deberán consumir más líquido. El aumento del volumen plasmático está directamente relacionado con el volumen de líquido ingerido y con la concentración de sodio. La resíntesis del glucógeno hepático y muscular (gastado durante el ejercicio) es mayor durante las dos primeras horas después del esfuerzo. Por todo esto, las bebidas de rehidratación post-ejercicio deben llevar tanto Sodio como carbohidratos, y hay que empezar a tomarlas tan pronto como sea posible

REFERENCIAS

Bria, S., Bianco, M., Galvani, C., Palmieri, V., Zeppilli, P., y Faina, M. (2011). Physiological characteristics of elite sport-dancers. The journal of sports medicine and physical fitness, 51(2), 194-203.

Burgos, E. B. (2016). Alimentación para deportistas: Pautas nutricionales para gente activa. Amat Editorial. Recuperado a partir de https://books.google.es/books?id=IdiADQAAQBAJ

Castillo, J. M. S. (2011). Nutrición básica humana. Publicacions de la Universitat de València. Recuperado a partir de https://books.google.es/books?id=z6iMx642m_wC

Chicharro, J. L., y Mojares, L. M. L. (2008). Fisiología clínica del ejercicio. Editorial Médica Panamericana Sa de. Recuperado a partir de https://books.google.es/books?id=eSUEpbNRt7gC

Cook, J. L., y Purdam, C. R. (2009). Is tendon pathology a continuum? A pathology model to explain the clinical presentation of load-induced tendinopathy. British Journal of Sports Medicine, 43(6), 409-416. https://doi.org/10.1136/bjsm.2008.051193

Franco-Mijares, A. C., Cardona-Pimentel, G., Villegas-Canchola, K. P., Vázquez-Flores, A. L., Jáuregui-Vega, P. I., Jaramillo-Barrón, E., y Nava, A. (2013). Sobre el índice glucémico y el ejercicio físico en la nutrición humana. El Residente, 8(3), 89-96.

Gil, M. A. (2005). Manual de Nutrición Deportiva (Color). Paidotribo. Recuperado a partir de https://books.google.es/books?id=UELXAWnTyQoC

González-Gross, Marcela, Gutiérrez, Angel, Mesa, José Luis, Ruiz-Ruiz, Jonatan, y Castillo, Manuel J. (2001). La nutrición en la práctica deportiva: Adaptación de la pirámide nutricional a las características de la dieta del deportista. Archivos Latinoamericanos de Nutrición, 51(4), 321-331. Recuperado en 03 de mayo de 2017, de http://www.scielo.org.ve/scielo.php?script=sci_arttext&pid=S0004-06222001000400001&lng=es&tlng=es.

Kapandji, A. I. (1998). Fisiología articular. Madrid: Médica Panamericana: Maloine.

Marcelo Fernández, J., López Miranda, J., y Pérez Jiménez, F. (2008). Índice glucémico y ejercicio físico. Revista Andaluza de Medicina del Deporte, 1(3), 116-124.

Martínez, S., J. M., Urdampilleta, A., y Mielgo Ayuso, J. (2013). Necesidades energéticas, hídricas y nutricionales en el deporte. Motricidad. European Journal of Human Movement, 37-52.

Nachemson, A. L., Schultz, A. B., y Berkson, M. H. (1979). Mechanical properties of human lumbar spine motion segments. Influence of age, sex, disc level, and degeneration. Spine, 4(1), 1-8.

Olivos, O. C., Cuevas, M. A., Álvarez, V. V., y Jorquera, A. C. (2012). Nutrición para el entrenamiento y la competición. Revista Médica Clínica Las Condes, 23(3), 253-261.

Palacios Gil-Antuñano, N., Franco Bonafonte, L., Manuz González, B., y Villegas García, J. A. (2008). Consenso sobre bebidas para el deportista. Composición y pautas de reposición de líquidos, XXV (126).

Pérez-Guisado, J. (2008). Rendimiento deportivo: glucógeno muscular y consumo proteico. Apunts: Medicina de l'esport, 43(159), 142-152.

Sawka, M., Burke, M., Eichner, R., Maughan, R. J., Montain, S. J., y Stachenfeld, N. S. (2007). Ejercicio y reposición de líquidos. Medicine & Science in Sports & Exercise, 1-25.

Silva, A. M., de Siqueira, G. R., y da Silva, G. A. P. (2013). Implications of high-heeled shoes on body posture of adolescents. Revista Paulista de Pediatria: Orgão Oficial Da Sociedade de Pediatria de São Paulo, 31(2), 265-271.

Williams, M. H. (2002). Nutrición para la salud la condición física y el deporte. Paidotribo. Recuperado a partir de https://books.google.es/books?id=8rSpvU2FISMC

Capítulo 7
El pie en el Baile Deportivo

El Baile Deportivo es una modalidad de la danza en la que el movimiento está basado en el control total y absoluto del cuerpo, el cual hay que trabajar para acondicionarlo a la cantidad de horas de práctica que requiere este tipo de baile. Este acondicionamiento incluye, entre otras estructuras anatómicas, la preparación y cuidado de una parte específica de nuestro cuerpo, el pie.

Dado que este es nuestro área de conocimiento y somos profesionales sanitarios especializados en el pie, no cabe duda de que el podólogo juega un papel importante en la prevención de las lesiones a este nivel y en caso de que estas lesiones ya existan, instaurar un tratamiento oportuno (ortopodológico, quirúrgico, etc.) dirigido a solucionar estas patologías provocadas por la actividad propia del Baile Deportivo, que en caso de no ser atendidas pueden afectar negativamente al desarrollo profesional y a la vida diaria de la persona.

Debemos reconocer que esta pieza tan importante de nuestra anatomía está sometida a grandes cargas, presiones y tensiones, entre otros, por el calzado que utilizamos ya que limita su capacidad de respuesta funcional.

El pie es un instrumento vigoroso, sensible, estable y preciso que nos sostiene y transporta, amortigua los golpes, reconoce el suelo y se adapta a él. Su admirable arquitectura ósea, articular y muscular nos permite realizar un sin fin de actividades, que nos diferencian del resto de los seres vivos.

Parece lógico pensar que han hecho falta millones de años de evolución para que el ser humano tal y como lo conocemos hoy haya adaptado su cuerpo a las exigencias del entorno y tenga la capacidad de caminar entre otras muchas habilidades. Sin embargo, el bailarín cuenta con muy pocos años para adaptar los mecanismos de su cuerpo a las rigurosas necesidades del gesto dancístico.

Desde el punto de vista de la biomecánica del movimiento, lo que diferencia al baile de competición sustancialmente de otras actividades deportivas es que, las otras actividades se basan en acciones naturales (como correr, saltar, lanzar un objeto…) mientras que en el Baile Deportivo existen gestos que son totalmente antinaturales y por ello nuestro cuerpo está menos preparado para soportarlos de manera eficiente.

7.1. RECUERDO ANATÓMICO

El pie es una de las más importantes estructuras anatómicas de nuestro organismo. Está formado por 28 huesos (incluyendo los dos sesamoideos) articulados a la perfección, concediendo una estructura lo suficientemente rígida para soportar el peso del cuerpo, pero a su vez lo bastante flexible para permitir la adecuada adaptación al terreno.

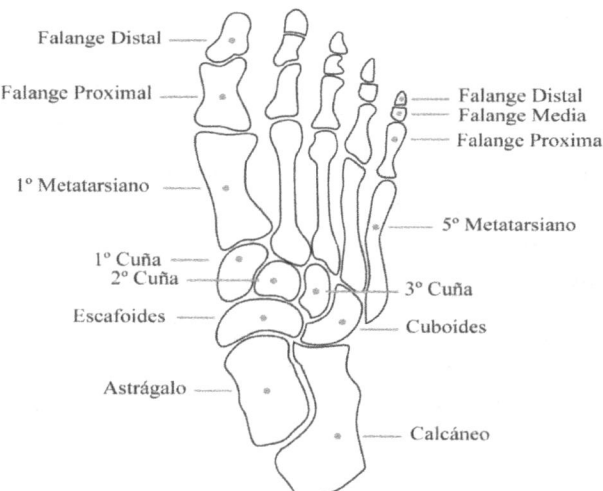

Figura 1. Huesos del pie (Vista dorsal)

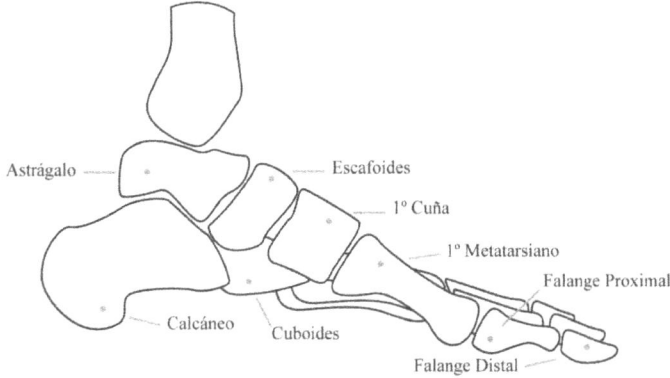

Figura 2. Huesos del pie (Vista interna)

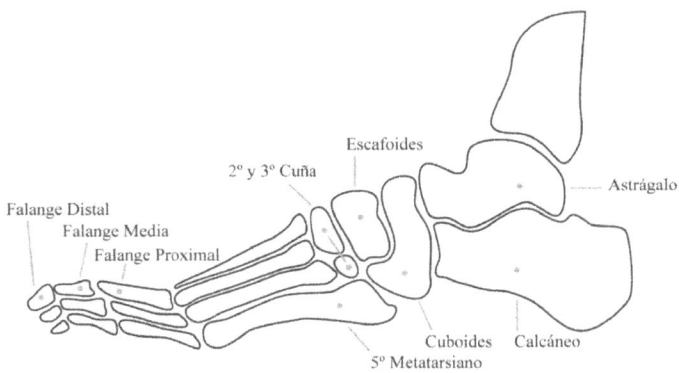

Figura 3. Huesos del pie (Vista externa)

Es una estructura que cumple importantes funciones para la vida humana entre las que destaca, por ejemplo, el contacto con el suelo, la locomoción a través del mecanismo de la marcha y el soporte y transmisión del peso corporal al suelo.

Para hacer la anatomía más fácil, podemos usar una terminología que divide al pie en tres partes y en las que repartimos los diferentes huesos y las 31 articulaciones que éstos forman entre sí (Neumann, 2007):

- Antepié: incluiría todas las falanges proximales, medias y distales de los dedos y los metatarsianos. Las articulaciones correspondientes a esta zona serían las interfalángicas, metatarsofalángicas, intermetatarsianas y articulación de Lisfranc o tarsometatarsianas.

- Mediopié o tarso anterior: está formado por las tres cuñas, escafoides y cuboides. Forman las articulaciones intertarsianas entre ellos y la articulación de Chopart o transversa del tarso que une astrágalo con escafoides y calcáneo con cuboides.

-Retropié: lo componen astrágalo y calcáneo. La articulación correspondiente a estos dos huesos es la articulación subastragalina.

A nivel del pie, encontramos un componente de vital importancia, la bóveda plantar, la cual une a todos los elementos osteoarticulares, musculares y ligamentosos del pie. Todas estas estructuras están destinadas a cumplir juntas las funciones de la bóveda plantar, entre otras se destaca: la capacidad de adaptarse a distintos tipos de terreno, con el fin de que el pie pueda realizar una correcta función de amortiguación y propulsión.

Las estructuras musculares, soportan las fuerzas de distensión; los elementos ligamentosos son los que mantienen la bóveda plantar insertándose en los huesos; y por último los elementos osteoarticulares son los encargados, a través de sus trabéculas óseas, de disipar las fuerzas que llegan al pie por el resto del sistema óseo y de permitir el movimiento entre los huesos.

El astrágalo es un hueso fundamental en la bóveda plantar. Actúa repartiendo la carga hacia todos los extremos del pie, tanto a la parte posterior como a la parte anterior. La transmisión de cargas a nivel posterior se realiza a través del sistema trabecular hacia el calcáneo. A nivel anterior, la carga se reparte mediante dos columnas, una interna y otra externa. La columna interna transmite la fuerza desde el cuello del astrágalo hacia el escafoides, las tres cuñas y 1º, 2º y 3º metatarsiano. La columna externa repartirá por tanto el peso hacia los huesos restantes que son cuboides y 4º y 5º metatarsiano (Kapandji, 2011).

A nivel morfológico, también podemos considerar algunos aspectos que influyen en la forma del pie, hablamos de la fórmula metatarsal y la fórmula digital (Oller, 2006).

La fórmula metatarsal es el criterio que utilizamos para clasificar los pies dependiendo de la longitud que tiene el primer metatarsiano con respecto al segundo. Así pues, establecemos tres categorías que son: Index Plus, en la que el primer metatarsiano es más largo que el segundo, al cual siguen de forma decreciente tercer, cuarto y quinto metatarsiano; Index Plus-Minus, en la que el primer metatarsiano tiene la misma longitud que el segundo y al igual que el anterior, tercero, cuarto y quinto se ordenan de manera descendente; Index Minus: en la que el primer metatarsiano es más corto que el segundo y que como en las dos categorías previas, tercero, cuarto y quinto metatarsiano decrecen sucesivamente.

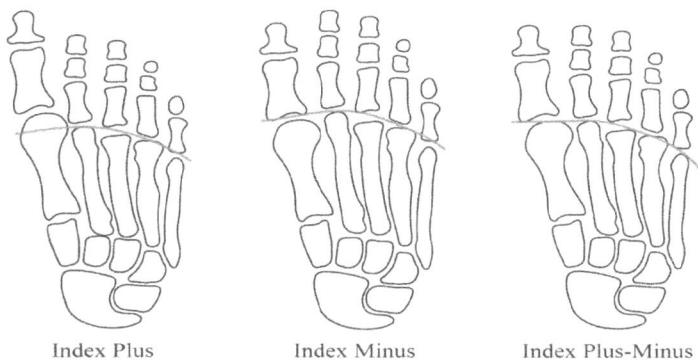

Figura 4. Fórmulas metatarsales

La fórmula digital categoriza a los pies en tres tipos también, pero esta vez en referencia a la longitud del primer dedo con respecto al segundo. Podemos obtener por tanto las siguientes formas: Pie egipcio, en el que el primer dedo es el más largo y los dedos siguientes avanzan disminuyendo su tamaño; Pie cuadrado, en el que el primer y segundo dedo son de la misma longitud; Pie griego, en el cual el primer dedo es más corto que el segundo.

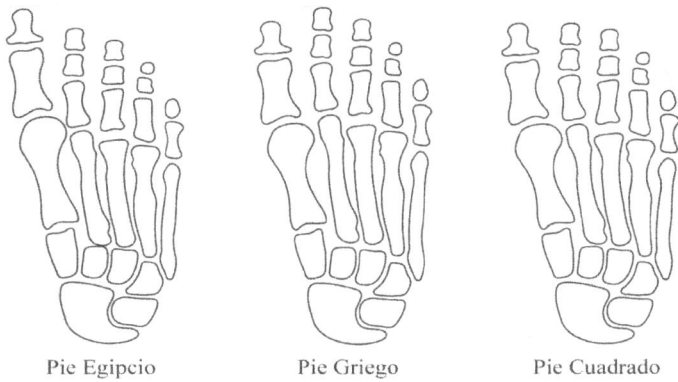

Figura 5. Fórmulas digitales

Existen una gran cantidad de músculos que realizan funciones a nivel del tobillo y pie. Podemos clasificarlos en dos tipos que son: los músculos intrínsecos, los cuales se originan e insertan en el pie consiguiendo así los movimientos de los dedos (flexión, extensión, abducción y adducción); y los músculos extrínsecos, que a diferencia de los anteriores se originan en distintas porciones de la pierna, pero igualmente se insertan en el pie provocando movimientos a nivel del pie (flexión dorsal, flexión plantar, eversión e inversión). Atendiendo a esta organización, nombraremos a continuación los músculos que, en comparación con otros, tienen una gran responsabilidad a la hora de ejecutar los diferentes movimientos que se realizan en la danza (Massó, 2010). Así pues, tenemos:

- Tríceps sural: se localiza a nivel posterior de la pierna y está formado por tres músculos distintos que son: el músculo gemelo interno que se origina en el cóndilo interno de la tibia; el gemelo externo que se origina en el cóndilo externo de la tibia; y, por último, el sóleo que se origina en la cabeza del peroné. Estos tres músculos a la hora de insertarse forman un único tendón que es el tendón de Aquiles el cual llega a la cara posterior del calcáneo. Su función principal es la flexión plantar del pie.

- Tibial anterior: se localiza a nivel anterior de la pierna. Se origina en el cóndilo lateral y en los 2/3 proximales de la cara antero externa de la diáfisis de la tibia y se inserta cruzando la pierna en el borde interno del pie a nivel del lado medial de la primera cuña y la base del primer metatarsiano. Su principal función es la flexión dorsal del pie, aunque también realiza una ligera inversión evitando el aplanamiento del arco longitudinal interno.

- Tibial posterior: Se encuentra a nivel posterior de la pierna por debajo del tríceps sural. Se origina en la membrana interósea de la tibia y el peroné y recorre su camino pasando por detrás del maléolo medial, hasta insertarse en la parte interna del pie en escafoides, cara plantar de las cuñas y base de 2º, 3º y 4º metatarsiano. Su función es la flexión plantar e inversión del pie.

- Peroneo lateral largo: se encuentra a nivel posterolateral de la pierna. Se extiende desde la tuberosidad externa de la tibia y la cabeza del peroné, hasta la cara plantar de la base del primer metatarsiano. A nivel del pie, actúa provocando la flexión plantar, la abducción y la eversión.

- Peroneo lateral corto: se localiza en la cara posteroexterna de la pierna, originándose a mitad de la zona externa del peroné e insertándose en la apófisis estiloide del 5º metatarsiano. Cumple la función de flexión plantar del tobillo, abducción y eversión.

- Flexor largo del primer dedo: se origina en la cara posterior del peroné, cruzando la parte interna de la planta del pie hasta insertarse en la falange distal del primer dedo. Su principal acción es la flexión del primer dedo, aunque también ayuda a la flexión plantar del pie.

- Flexor corto del primer dedo: se localiza a nivel profundo de la planta del pie. Se origina en la cara plantar de cuboides y cuñas laterales y se extiende hasta la base de la primera falange del primer dedo (a ambos lados). Su función es la flexión de la primera articulación metatarsofalángica.

- Extensor propio del primer dedo: se encuentra a nivel dorsal de la pierna. Se origina a nivel del peroné siguiendo su recorrido hasta llegar a la cara dorsal de la falange distal del primer dedo. Su función es la extensión del dedo, ayudando también al tibial anterior a realizar la flexión dorsal del tobillo.

- Interóseos dorsales y plantares: son músculos que se encuentran en la zona más profunda tanto por la cara superior como por la inferior del pie. A nivel dorsal existen cuatro músculos interóseos y a nivel plantar son tres. Se encargan de dar la movilidad en todos los sentidos a los dedos de los pies, actuando a nivel de las falanges.

La coordinación perfecta y la fortaleza de estos músculos junto con el resto de los músculos en general del cuerpo, van a ser los encargados de que el pie durante el gesto dancístico mantenga su estabilidad tanto en movimiento como en reposo, siendo imprescindibles en la técnica del bailarín. Tienen que ser capaces de soportar el peso del cuerpo en diferentes posiciones y gestos; también de que el pie tenga la amortiguación necesaria para evitar lesiones a nivel de otras articulaciones por ejemplo en las caídas de un salto, en la que el pie debe articularse de manera correcta para caer suavemente. El bailarín debe conocer cómo combinar el movimiento de los músculos tanto de la zona anterior de la pierna como de la posterior para explotar así la capacidad de movimiento de su cuerpo.

MÚSCULO	ORIGEN	INSERCIÓN
Triceps Sural (Gemelos + Sóleo)	Gemelos: cóndilo int y ext tibia Sóleo: cabeza del peroné	Cara posterior de calcáneo (Tendón de Aquiles)
Tibial Anterior	Cóndilo externo de la tibia 2/3 proximales cara ant.ext. tibia	Cara medial de 1º cuña y base del 1º metatarsiano
Tibial Posterior	Cara posterior de la tibia y membrana interósea	Cara medial de escafoides
Peroneo Lateral Largo	Cóndilo externo de la tibia y cabeza del peroné	Cara plantar de la base 1º metatarsiano
Peroneo Lateral Corto	1/3 cara externa del peroné	Apófisis estiloide 5º metatarsiano
Flexor Largo 1º Dedo	2/3 cara posterior del peroné	Cara plantar falange distal de 1º dedo
Flexor Corto 1º Dedo	Cara plantar de cuboides y cuñas laterales	Cara plantar de falange proximal de 1º dedo
Extensor Propio 1º Dedo	2/3 cara interna del peroné	Cara dorsal de falange distal de 1º dedo
Interóseos Dorsales y Plantares	Metatarsiano correspondiente	Falange proximal correspondiente

Figura 6. Tabla origen e inserción musculatura

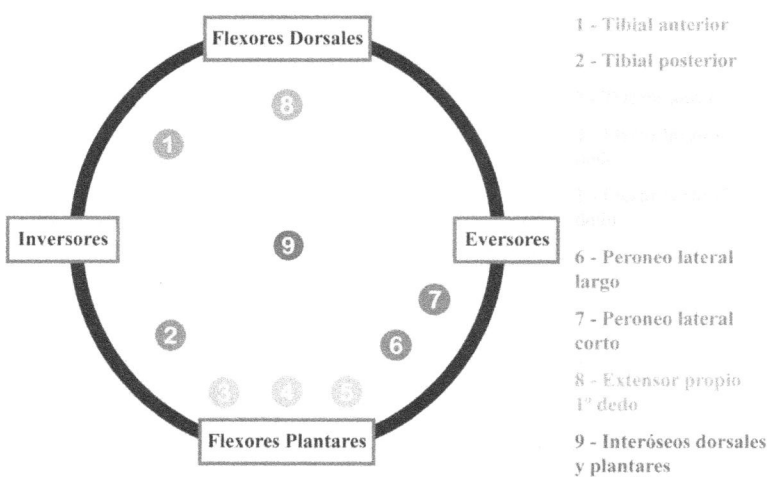

Figura 7. Esquema función muscular

7.2. BIOMECÁNICA DEL PIE Y POSTURA

El pie como elemento fundamental del movimiento humano está dotado de una capacidad biomecánica que lo distingue del resto de la anatomía. Gracias a esto, el pie puede realizar un sin fin de movimientos ya sean en un solo plano o combinados en varios planos confiriendo una flexibilidad, adaptación al terreno y funcionalidad destacable.

Para conocer los distintos movimientos que el pie puede realizar debemos conocer los planos anatómicos que se usan para describir la cinemática del cuerpo humano. Así pues, tenemos:

- Plano sagital: es el que divide al cuerpo en mitad derecha y mitad izquierda.

- Plano frontal: es el que divide al cuerpo en zona anterior y zona posterior.

- Plano transverso: es el que divide al cuerpo en zona superior y zona inferior.

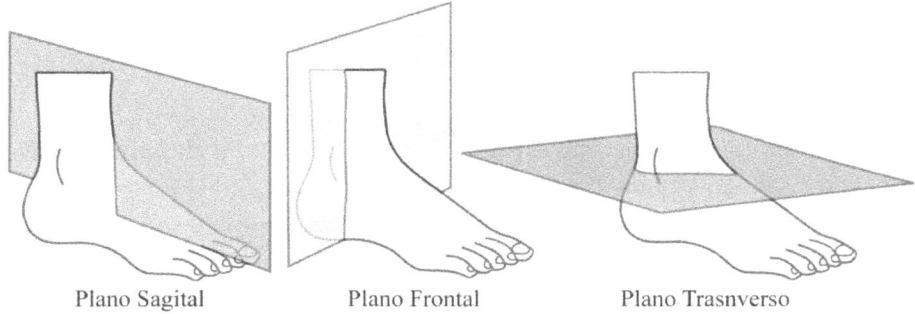

Figura 8. Planos anatómicos del pie

Partiendo de esta idea, distinguimos en el pie seis movimientos que organizaremos en relación al plano en el que se ejecutan, siendo opuestos los que se encuentran en el mismo plano (Calais-Germain, 2004):

Plano sagital:

- Flexión dorsal: consiste en el acercamiento de la zona dorsal del pie y los dedos a la zona anterior de la tibia.

- Flexión plantar: consiste en el alejamiento de la zona dorsal del pie y los dedos de la zona anterior de la tibia. Es el gesto que utilizamos cuando queremos ponernos de puntillas.

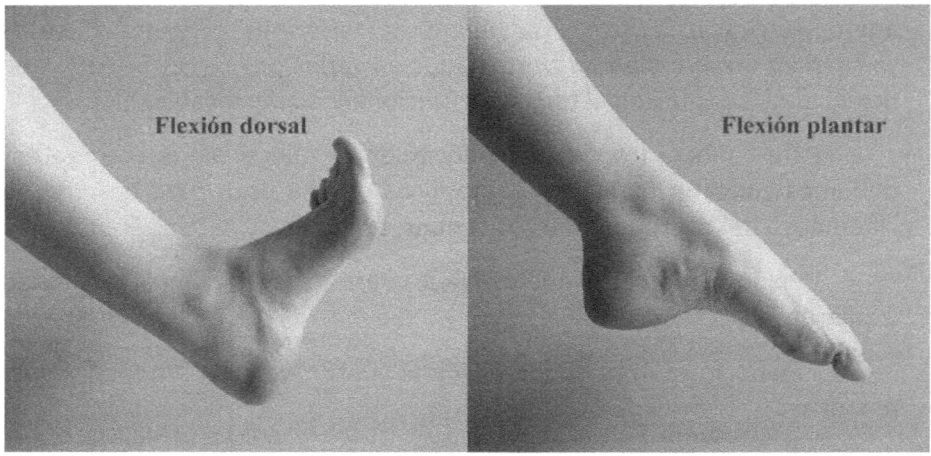

Figura 9. Movimientos plano sagital (flexión dorsal y flexión plantar)

Plano frontal:

- Pronación: consiste en el giro del pie para conseguir orientar la planta del pie hacia adentro.

- Supinación: consiste en el giro contrario al anterior cuyo objetivo es orientar la planta del pie hacia afuera.

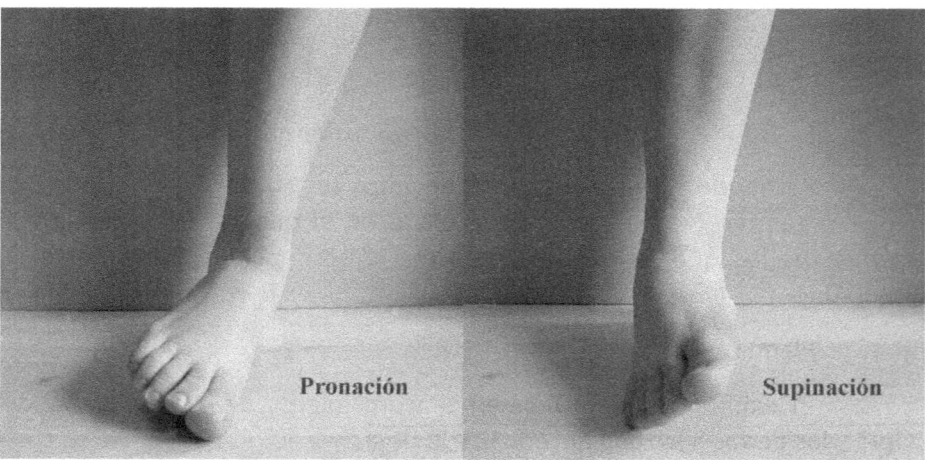

Figura 10. Movimientos plano frontal (pronación y supinación)

Plano transverso:

- Adducción: consiste en llevar la punta del pie hacia adentro
- Abducción: consiste en llevar la punta del pie hacia afuera.

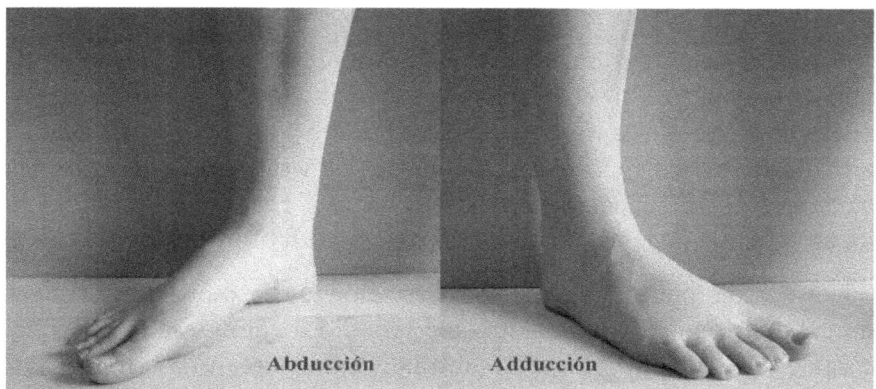

Figura 11. Movimientos plano transverso (abducción y adducción)

A veces, estos movimientos se combinan para poder realizar funciones biomecánicas necesarias para el ser humano durante el gesto deportivo e incluso la vida normal. Cuando esto sucede, podemos encontrar dos movimientos compuestos que son conjunto de la unión de los descritos anteriormente:

-Inversión: flexión plantar + supinación + aducción.

-Eversión: flexión dorsal + pronación + abducción.

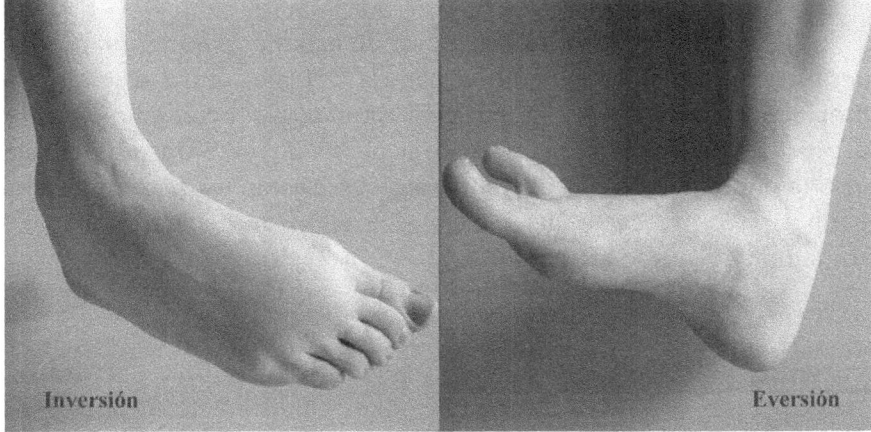

Figura 12. Movimientos combinados en los 3 planos (inversión y eversión)

En cualquier tipo de actividad deportiva, y con mayor importancia en el baile, mantener una buena postura durante la ejecución de los diferentes movimientos es obligatorio para no desarrollar lesiones. Por ello, la alineación adecuada de todas las estructuras corporales (cabeza, tronco, caderas, piernas y pie) es fundamental.

La relación del pie con la postura es total. Hemos de tener claro que el equilibrio y la colocación del cuerpo en el espacio empieza en nuestros pies. Mantener funcionalmente en buen estado las articulaciones, los músculos y los huesos es vital para el bailarín. Si no cuidamos este aspecto podríamos estar realizando una técnica incorrecta que desencadenaría en problemas en otras partes del cuerpo.

Por ejemplo, si existe una limitación de la movilidad en flexión dorsal del primer dedo, nuestro pie tenderá a compensarlo pasando la carga a los metatarsianos centrales mediante una supinación y generando muy frecuentemente dolor en los metatarsianos y/o fracturas de estrés.

El rango de rotación externa de la cadera también va a ser importante a la hora de ejecutar movimiento de manera correcta. Un bailarín con una rotación externa limitada es muy probable que realice una pronación excesiva a la hora de tener que realizar dicha apertura hacia fuera.

Es muy importante también para un buen bailarín tener un profundo conocimiento del posicionamiento del peso del cuerpo sobre el pie.

En posición estática, es decir, cuando estamos parados, el peso del cuerpo debe situarse en la zona central del pie, entre el talón y el antepié. En movimiento, esta posición cambia dependiendo del gesto o paso que el bailarín realice, y puede ir desde la parte trasera del talón hasta la punta del pie. No obstante, aunque existan estos cambios en la distribución de la carga del pie, la alineación desde las rodillas a la cabeza no debe verse afectada.

7.3. LESIONES MÁS FRECUENTES

No cabe duda de que el pie es un sujeto activo en la danza. Son tantos los requerimientos biomecánicos que esta parte anatómica soporta durante los movimientos que es difícil no hablar de repercusiones y lesiones derivadas del baile.

Podríamos distinguir dos tipos de lesiones habituales en bailarines: las que se dan por sobreuso y las agudas o traumáticas.

En referencia al primer tipo, hay numerosos factores que afectan de manera negativa a los bailarines y que pueden ayudar a la génesis de lesiones por sobreuso entre los cuales encontramos: la alineación incorrecta de la anatomía, desequilibrios de fuerzas musculares, la hiperlaxitud de los ligamentos y tendones e incluso el estado nutricional. La utilización de forma continuada y en situación de estrés de estructuras óseas, musculares y del tejido blando provoca que dichas estructuras no puedan mantener la capacidad funcional ni la integridad fisiológica y que desemboquen por tanto en la lesión.

En segundo lugar, tenemos las lesiones agudas que ocurren de manera traumática por someter a una situación de estrés repentina a tejidos con características fisiológicas insuficientes o que están por debajo de la normalidad. Así pues, un movimiento realizado de manera incorrecta, un giro mal ejecutado o una pérdida de equilibrio pueden generar en los bailarines una lesión traumática aguda.

La mayoría de lesiones suelen ocurrir en el miembro inferior, siendo el pie el área más vulnerable para la aparición de éstas. Dentro del pie, las lesiones que aparecen con mayor frecuencia son:

-Hallux valgus: es una deformidad de la primera articulación metatarsofalángica caracterizada básicamente por una desviación lateral del primer dedo y una desviación medial del primer metatarsiano. Cuando esta alteración del primer segmento metatarsodigital se agrava suele acompañarse de una rotación en valgo del primer dedo junto con una prominencia de la cara medial del primer metatarsiano constituyendo lo que comúnmente se conoce como "juanete".

El hallux valgus tiene una etiología multifactorial en la que las causas y factores, combinados entre sí, favorecen la aparición y/o agravamiento de la deformidad (Zirngibl & Grifka, 2014). En el caso del Baile Deportivo, suele aparecer como consecuencia del uso de calzado con punta estrecha, que genera una presión lateral excesiva que consigue desviar el dedo o bien por una longitud excesiva del primer metatarsiano (index plus) o el primer dedo (pie egipcio).

-Hallux limitus/rigidus: el impacto continuo y repetitivo sobre la primera articulación metatarsofalángica puede conllevar con el tiempo a la degeneración del cartílago articular provocando cambios en la superficie del cartílago y apareciendo osteofitos que pueden disminuir el rango de movilidad de la articulación (sobre todo en dorsiflexión) y como consecuencia el hallux limitus. En estadios más avanzados cuando esa limitación se hace total y la articulación está anquilosada (sin movimiento) esta patología se denomina hallux rigidus (Botek & Anderson, 2011).

-Desviación en plano transverso de los dedos menores: nos referimos a las desviaciones en adducción y abducción, sobre todo en esta última, de las falanges distales de los dedos menores comparadas con la falange proximal. La longitud excesiva de cualquiera de los dedos menores (el 2º es el más afectado) juega un papel importante en el desarrollo de estas desviaciones, ya que pueden verse comprimidos con el calzado estrecho propio de este baile.

-Dedos en garra: engloban a las patologías en las que existe desviación en el plano sagital de la articulación metatarsofalángica e interfalángicas de los dedos menores. Este tipo de alteración normalmente se produce como consecuencia de otras patologías como el HAV descrito anteriormente, por desequilibrios entre la musculatura flexora y extensora de los dedos o por la longitud excesiva de los dedos (Ogilvie-Harris, Carr, & Fleming, 1995). Así pues, tenemos:

-Garra proximal: ocurre cuando la falange proximal se encuentra en flexión dorsal, la falange media en flexión plantar y la falange distal de forma horizontal.

-Garra distal: se produce cuando la falange distal se encuentra en flexión plantar, mientras que la falange media y proximal se encuentran en su plano normal con respecto al suelo.

-Garra invertida: provocada cuando la falange media del dedo se encuentra en flexión plantar, manteniéndose sin deformidad la falange distal y proximal.

-Garra total: se produce cuando la falange proximal se encuentra en flexión dorsal, la falange media horizontal al plano del suelo y la falange distal en flexión plantar.

-Cuello de cisne: en esta patología la falange proximal se encuentra en flexión dorsal mientras que la falange media y distal se encuentran ambas en flexión plantar.

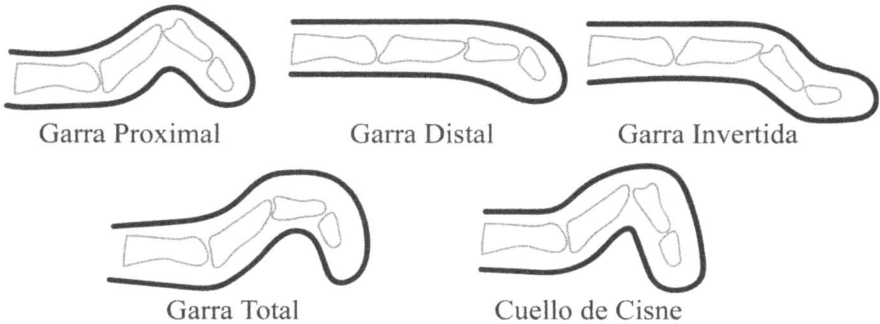

Figura 13. Posición de las falanges en los distintos tipos de dedo en garra

-Quinto dedo adducto varo: se caracteriza por una desviación hacia dentro del quinto dedo, con una rotación interna quedándose el dedo en una posición en la que la uña mira hacia el lado externo. Normalmente está asociado a una prominencia ósea a nivel de la cabeza del quinto metatarsiano, que en estadios más avanzados se desvía hacia lateral y forma el llamado "juanete de sastre". El uso de un calzado estrecho y con tacón genera compresión lateral sobre este dedo que provoca la deformidad (Castillo, Munuera, Domínguez, Salti, & Algaba, 2013).

-Metatarsalgia: se conoce con este nombre el dolor que se sitúa en la región plantar de la zona delantera del pie. Este dolor puede ser consecuencia de una inflamación o por sobrecarga de las cabezas de los metatarsianos. Lo más frecuente es que este dolor esté localizado sobre todo entre la 2º y la 4º cabeza metatarsal, aunque podemos encontrarlo también en la 1º o la 5º. El tacón del calzado de Baile Deportivo hace que el peso del cuerpo se transfiera en su mayoría a la zona delantera del pie, obligando a los metatarsianos a soportar una cantidad de peso excesiva sin tener esa capacidad.

-Sesamoiditis: los huesos sesamoideos también pueden sufrir diversos problemas. Cuando la carga está en el antepié, están sometidos a un elevado grado de presión ya que quedan situados entre el suelo y el resto del pie. Este factor puede provocar la inflamación (sesamoiditis) y en casos más graves afectar a la estructura osteocartilaginosa provocando una osteocondritis que si persiste conlleva a la necrosis de los huesos sesamoideos (Goulart, O'Malley, Hodgkins, & Charlton, 2008).

-Fracturas de estrés: se producen como su propio nombre indica por una situación continua y repetitiva de carga. Los metatarsianos son los huesos más afectados en este tipo de patologías, pero pueden producirse en cualquier estructura ósea (Albisetti et al., 2010). Durante los gestos propios del Baile Deportivo, los huesos están sometidos a torsiones y movimientos anormales, por lo que si estos movimientos se producen de manera cíclica y a una intensidad alta o en un hueso con características fisiológicas deficientes es probable que aparezcan este tipo de fracturas.

-Onicopatías: englobamos todas las patologías que se producen en el aparato ungueal de los bailarines. Las más comunes son los hematomas subungueales, que se originan por traumatismos fuertes o microtraumatismos repetitivos y las onicocriptosis o uñas encarnadas por la presión que la punta fina del calzado sobre la lámina ungueal, haciendo que esta se incruste dentro de la carne del propio dedo y provocando un cuadro clínico que cursa con inflamación y dolor.

-Alteraciones dermatológicas: son debidas al roce con el calzado y al peso que soporta el pie. Aparecen lesiones en la piel como callosidades, ampollas y heridas.

7.4. PREVENCIÓN Y TRATAMIENTO

Hablar de movimiento es hablar de lesiones. Tal y como hemos descrito en el apartado anterior, existen numerosos factores que favorecen la aparición de lesiones en el pie. Cuando esto ocurre, los podólogos somos una pieza clave en la recuperación y prevención de esas lesiones. Nuestro objetivo consistirá en instaurar el tratamiento oportuno en cada uno de los casos (conservador, ortopodológico, quirúrgico…) para prevenir la lesión o en caso de que esta lesión ya exista frenar su evolución y restaurar la funcionalidad del bailarín.

La mayoría de los problemas derivados del Baile Deportivo pueden ser tratados de manera conservadora si se descubren temprano y no se ignoran. Hay que recordar que bailar con dolor no es una buena opción y que no intervenir en estos casos puede requerir de un tratamiento quirúrgico como medida final.

Como especialistas debemos entender la biomecánica del pie en el Baile Deportivo para poder conocer cuál es el origen que está causando el problema. Teniendo en cuenta las características de este baile no solo en sus gestos y movimientos sino en la estética y/o el tipo de calzado que se utiliza, podremos proponer el tratamiento más oportuno.

Por un lado, podemos decidir ofrecer el uso de plantillas o soportes plantares. Éstas van alojadas en el interior de los zapatos con el fin de apoyar y alinear el pie y las otras articulaciones de los miembros inferiores (rodilla, cadera y columna lumbar) con el objetivo de prevenir la evolución de las deformidades de los pies, mejorar la funcionalidad, y disminuir o eliminar el dolor. No obstante, el propio calzado y su mínima capacidad interior nos obliga a que el diseño de este soporte plantar sea lo más fino y pequeño posible, dificultando en muchos casos que este elemento cumpla su función.

Por otra parte, también podemos diseñar elementos ortésicos de materiales blandos como la silicona, diferenciando varios tipos según su aplicación. Los paliativos protegen zonas de roce o presión en deformidades no reductibles, y no afectan a las estructuras anatómicas. Los semicorrectores mantienen la deformidad impidiendo su progresión. Los correctores corrigen las deformidades modificando las estructuras anatómicas de forma progresiva.

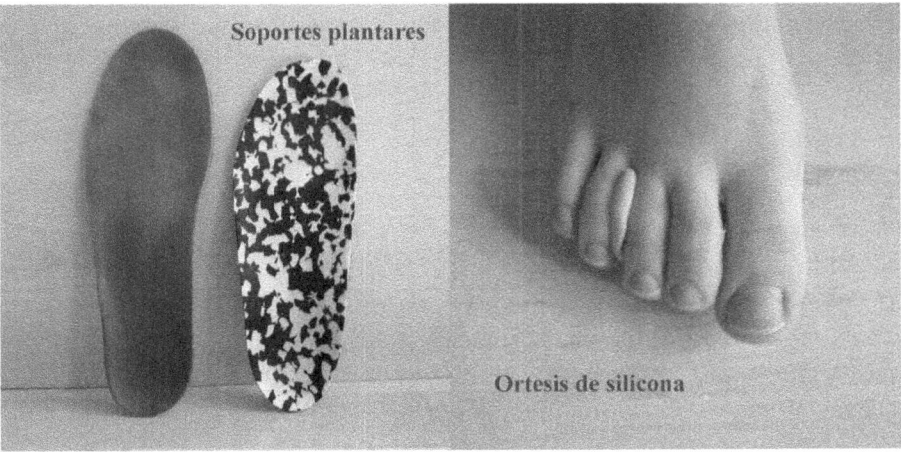

Figura 14. Diferentes tratamientos conservadores

Antes de proponer la solución definitiva, es muy importante obtener algunos datos del bailarín para que nuestro tratamiento sea lo más efectivo posible. Para adquirir dicha información deberemos realizar una exhaustiva exploración del pie en camilla en la que valoraremos la movilidad articular de manera pasiva y activa, seguido de una exploración en estática y dinámica para ver cómo se comporta el pie durante el gesto deportivo. Para ayudarnos a esto contamos con diversos recursos tecnológicos como las plataformas de presiones y/o las cámaras de alta velocidad.

7.5. PROPIOCEPCIÓN

En el caso del Baile Deportivo, el pie está sometido a cambios de equilibrio, cambios de peso y giros constantes que hacen que conservar la postura ideal sea difícil. Para cuidar este aspecto, el bailarín debe desarrollar mecanismos cuyas finalidades sean adquirir la correcta posición del pie y el uso de las diferentes partes de éste durante el ejercicio.

En cualquier deporte es imprescindible un buen entrenamiento propioceptivo. Podríamos definir la propiocepción como el mecanismo por el cual nuestro cuerpo es consciente del movimiento y la posición de las articulaciones dentro del espacio. Gracias a este mecanismo, cuando un bailarín realiza un gesto innatural automáticamente el cuerpo pone en marcha un protocolo (previamente entrenado) para activar músculos que ayuden a mantener una posición estable. Estas estrategias no son más que ajustes neuronales y de reflejos cuya finalidad es controlar el sistema neuromuscular y cuidar la estabilidad funcional articular.

7.6. FOOT CORE

El "Foot Core" es una analogía del concepto del "Core" del tronco. Se basa en una serie de ejercicios y estiramientos cuyo objetivo es la potenciación de la musculatura intrínseca del pie. Esta musculatura rara vez se estimula de manera consciente, por lo que en la mayoría de los casos suele estar atrofiada o muy debilitada. La función de esta musculatura es proporcionar soporte estático y dinámico al arco longitudinal interno, el control postural y el mantenimiento del equilibrio.

A modo de información, los músculos intrínsecos del pie están repartidos en 4 capas (siendo la 1º la más superficial y la 4º la más profunda) y en 3 regiones (interna, central y externa) (Mckeon, Hertel, Bramble, & Davis, 2014).

	REGIÓN INTERNA	REGIÓN CENTRAL	REGIÓN EXTERNA
1º CAPA	Abductor del dedo gordo	Flexor corto de los dedos	Abductor del quinto dedo
2º CAPA		Cuadrado plantar Lumbricales	
3º CAPA	Flexor corto del dedo gordo Adductor del dedo gordo		Flexor corto del quinto dedo Oponente del quinto dedo
4º CAPA		Interóseos plantares Interóseos dorsales	

Figura 15. Tabla distribución musculatura intrínseca

Existen investigaciones en este campo que proponen un ejercicio para potenciar esta musculatura intrínseca que en el caso del Baile Deportivo puede ser muy beneficioso para mejorar la postura y el equilibrio. Los autores de estos artículos describen en su estudio una disminución significativa de la caída del escafoides (lo que se traduce en una altura del arco longitudinal interno más estable) tras 4 semanas de entrenamiento de la musculatura intrínseca mediante el *"short foot exercise"* (Mulligan & Cook, 2013).

Para empezar a realizar el *"short foot exercise"* debemos colocarnos en bipedestación, ambos pies relajados sobre el suelo (podemos sentarnos también en una silla al principio si tenemos dificultad). Una vez estemos en esta posición, debemos centrarnos primero en un pie y al acabar el ejercicio en el otro. Para comenzar, extenderemos los dedos de los pies al máximo y los dejamos caer en el suelo. Una vez realizado este paso, deberemos intentar acercar el talón a los dedos que siempre deben estar en contacto con el suelo. Veremos como el arco interno del pie se eleva y el pie se acorta. Es muy común que al realizar este movimiento los dedos se escondan hacia abajo simulando una garra. Tenemos que evitar este movimiento y prestando especial atención para que el ejercicio sea efectivo. Recuerda que los dedos siempre tienen que estar estirados.

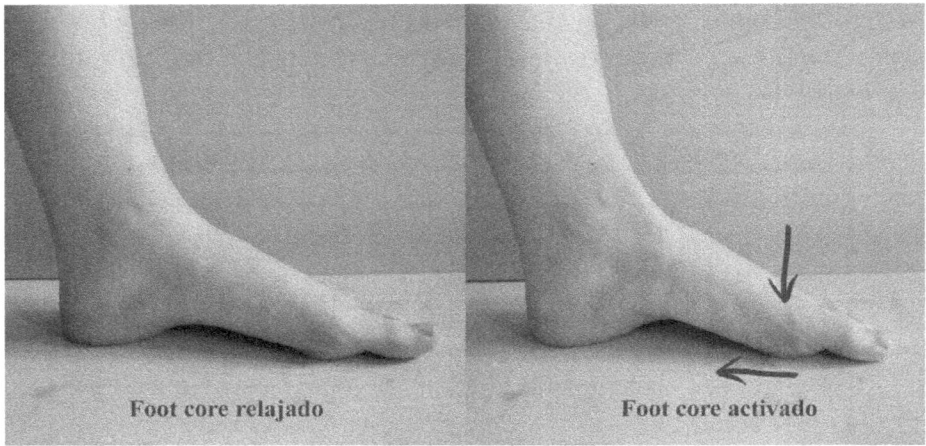

Figura 16. a) Pie en posición inicial; b) Pie con arco interno más alto por la contracción de la musculatura intrínseca

Existe otro ejercicio, el *"towel toe curl exercise"* que consiste en colocar los pies sobre una toalla y realizar flexiones y extensiones de los dedos sobre ella, consiguiendo que la toalla se arrugue hacia nosotros y se estire hacia afuera.

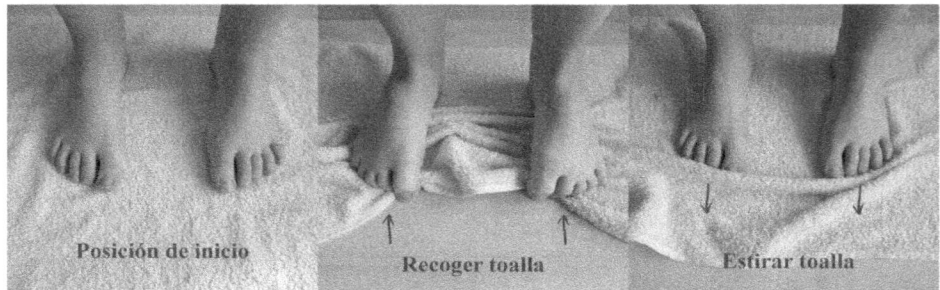

Figura 17. a) Pie en posición inicial; b) Flexión de dedos para recoger toalla; c) Extensión de dedos para estirar toalla

Al finalizar los ejercicios es conveniente estirar los pies de manera correcta para evitar agarrotamientos cuando se enfríen.

7.7. CALZADO

En el baile de competición como en cualquier otra danza o deporte, se utiliza un calzado específico que, como es lógico, debe ser adecuado y funcional para poder realizar los movimientos que se exigen en esta disciplina de la danza. Existen diferentes materiales, formas y tamaños, pero su función principal no varía.

El uso de un calzado correcto repercutirá de manera directa en el bienestar del pie e indirectamente en la buena posición del resto de articulaciones de nuestro cuerpo, tanto del miembro inferior como de la columna vertebral y miembro superior. Cuando usamos un calzado con unas características inapropiadas durante largos periodos de tiempo o durante la realización de una actividad física intensa como puede ser el Baile Deportivo, somos más propensos a sufrir deformidades de los pies y patologías del aparato locomotor. Por ello, el aspecto estético que en la mayoría de las veces nos condiciona en la elección del calzado debe quedar en un segundo plano para dar paso a un elemento que garantice la salud de nuestros pies.

Existen recomendaciones en cuanto a las características que un buen calzado de baile de competición debe tener como son, entre otras:

- Comodidad: es imprescindible que el calzado sea cómodo y que en la medida de lo posible se adapte a la forma del pie, que como sabemos, varía en cada persona. Las hormas demasiado estrechas podrán provocar deformidades en los dedos como los conocidos "juanetes" o "dedos en garra" y traumatismos en las uñas y la piel por la presión directa del zapato con la lámina ungueal y las prominencias óseas de nuestro pie. No obstante, el uso de una horma ancha o de un mal atado de cordones o hebillas también puede darnos problemas de inestabilidad y pérdida de equilibrio por no sentir el pie bien sujeto.

- Flexibilidad: la flexibilidad del calzado es importante para que las articulaciones de nuestro pie puedan realizar sus movimientos sin restricciones. Una suela flexible ayuda a que el pie actúe de la manera más natural posible mientras que una suela gruesa limita esta posibilidad.

- Estabilidad: existen zapatos que por su constitución y forma pueden hacer que el pie esté en una situación de desequilibrio constante (por ejemplo, un mal ángulo del tacón o un tacón muy alto) por lo que las cargas a nivel del pie no van a estar bien repartidas. El uso de tacones anchos dará mayor estabilidad que un tacón fino porque la superficie de apoyo es mayor.

- Agarre y sujeción: es importante que un calzado se agarre de forma eficiente al suelo pero que también permita el deslizamiento para los movimientos de giro. El zapato también debe mantener el pie bien sujeto para evitar inestabilidades.

- Tacón: como sabemos las cargas del pie se reparten entre la zona delantera (el antepié) y la zona trasera (el talón), siendo ésta en situación normal la que más peso soporta. Al aumentar la altura del tacón, lo que estamos haciendo es crear un desequilibrio de esas cargas entre el antepié y el talón, por lo que la mayoría del peso pasará a la zona delantera, siendo más propenso el pie a sufrir metatarsalgias. Llevar tacones de más de 5 cm supone un aumento de tres veces el peso del cuerpo en el antepié.

- Transpirabilidad: debido a que el baile de competición es un ejercicio físico, se recomienda el uso de zapatos con materiales transpirables como el cuero para evitar el exceso de sudoración y el mal olor del pie dentro del calzado.

Figura 18. Zapato de bailes Latinos de mujer (vista lateral y frontal)

REFERENCIAS

Albisetti, W., Perugia, D., De Bartolomeo, O., Tagliabue, L., Camerucci, E., & Calori, G. M. (2010). Stress fractures of the base of the metatarsal bones in young trainee ballet dancers. *International Orthopaedics*, *34*(1), 51-55.

Botek, G., & Anderson, M. A. (2011). Etiology, pathophysiology, and staging of hallux rigidus. *Clinics in Podiatric Medicine and Surgery*, *28*(2), 229-243.

Calais-Germain, B. (2004). *Anatomía para el movimiento: introducción al análisis de las técnicas corporales*. (La Liebre De Marzo, Ed.) (2.ª ed.). Barcelona.

Castillo, J. M., Munuera, P. V, Domínguez, G., Salti, N., & Algaba, C. (2013). Prevalencia del juanete de sastre y quinto dedo adducto varo en el baile flamenco profesional. *Revista del Centro de Investigación Flamenco Telethusa*, *6*(7), 13-18.

Goulart, M., O'Malley, M. J., Hodgkins, C. W., & Charlton, T. P. (2008). Foot and ankle fractures in dancers. *Clinics in Sports Medicine*, *27*(2), 295-304.

Kapandji, A. I. (2011). *Fisiología articular: miembro inferior*. (Editorial Médica Panamericana., Ed.) (6.ª ed.). Madrid.

Massó, N. (2010). El pie en la danza clásica. *Revista del Centro de Investigación Flamenco Telethusa*, *3*(3), 20-25.

Mckeon, P. O., Hertel, J., Bramble, D., & Davis, I. (2014). The foot core system: a new paradigm for understanding intrinsic foot muscle function. *British journal of sports medicine*, (January), 1-9.

Mulligan, E. P., & Cook, P. G. (2013). Effect of plantar intrinsic muscle training on medial longitudinal arch morphology and dynamic function. *Manual Therapy*, *18*(5), 425-430.

Neumann, D. A. (2007). *Fundamentos de rehabilitacion física: cinesiología del sistema musculoesquelético*. (Editorial Paidoribo, Ed.) (1.ª ed.). Barcelona.

Ogilvie-Harris, D. J., Carr, M. M., & Fleming, P. J. (1995). The foot in ballet dancers: the importance of second toe length. *Foot Ankle Int*, *16*(3), 144-147.

Oller Asensio, A. (2006). *La fórmula metatarsal y su valor predictivo en los trastornos de la marcha*. Universitat de Barcelona.

Zirngibl, B., & Grifka, J. (2014). Hallux valgus: etiology, diagnosis, and therapeutic principles. *Medical Clinics of North America*, *98*(2), 227-232.

www.ingramcontent.com/pod-product-compliance
Lightning Source LLC
Chambersburg PA
CBHW080450170426
43196CB00016B/2742